中国が分かる 1

宗教が分かれば中国が分かる

清水勝彦

創土社

目次

はじめに

「宗教がわからないと中国の全体像はわからない」。30年近く中国取材をしてきた記者としての実感だ。3月にチベットで起きた抗議行動が「チベット騒乱」にまで拡大していくのを見て、この実感は確信に変わった。

チベット民族全員が敬虔《けいけん》な信徒であるチベット仏教のことが少しでもわかれば、血なまぐさい武力鎮圧を恐れずに立ち上がり、「ダライ・ラマ万歳！」「チベット独立！」と叫んで、殺され、傷つき、投獄されたチベットの人々の「心」の有り様を想像することができるに違いない。中国政府がいつまでたってもチベット人を抑え込めない原因も、中国政府の宗教政策を知れば「なるほどそういうことなのか」と納得できるだろう。

日本人にはなじみの薄い中国の宗教だが、そこに焦点を当てると、これまで知らなかった中国の実像がくっきりと浮かび上がってくる。

中国ではいま、今年30周年を迎えた改革開放のひずみが深刻な社会格差となって現れ、胡錦濤《こきんとう》政権の足下を脅かしている。

中国を一党支配する共産党は、格差解消を目指す「和諧（調和の取れた）社会」の構築を党決定し、全国民、全組織・団体に動員令をかけた。そのなかで、無神論であるはずの共産党が特に期待しているのが、実は宗教各界の貢献なのだ。中国の党と政府はつい最近まで社会主義と相容れない宗教を危険視して、宗教活動を教会や寺院の中に閉じこめてきた。それがいまや宗教団体に対して、積極的に社会に進出して弱者救済、慈善活動を展開するよう奨励している。

今回のチベット騒乱でわかるように、55の少数民族を抱える中国政府にとって民族問題は宿命ともいえるウィークポイントである。少数民族問題は宗教問題と表裏一体の関係にある。チベット仏教徒のチベット人、イスラム教徒のウイグル人、かれらの独立志向はいずれもその信仰する宗教に根ざしているからだ。中国政府は、どんなに弾圧しても不死鳥のように蘇る独立運動を「その土壌から消滅」させるべく、宗教の教義解釈に口をはさみ、宗教そのものを変質させて「愛国的宗教」にしようという壮大な取り組みを始めている。

宗教は中国政府の外交にも影響を与えている。中国外交の根幹をなす米中関係のネックは、米国からの人権批判だ。宗教右派を支持基盤とするブッシュ大統領はことあるごとに中国に「宗教信仰の自由」の実現を迫る。国家主席ら最高指導者が訪米する前になると、中国は米国の圧力で獄中の民主運動活動家や宗教指導者を「病気治療」などの名目をつけて出所させる。

訪米中、マスコミなどの厳しい人権批判に晒されるのを防ぐためでもある。中国もやられっぱなしではない。米国人の宗教重視を逆手にとり、自国のプロテスタント団体に米国で大々的な聖書展を開催させ、中国における「宗教信仰の自由」をアピールする宣伝戦も展開している。宗教は「もうひとつの米中戦争」の戦場なのである。

台湾の取り込みは、中国にとって未完の「祖国統一の大事業」である。統一工作は、台湾の対岸に1000発を超すミサイルを配備する軍事面や台湾経済の空洞化を狙う経済交流の促進に止まらない。2300万台湾人の半数以上が信仰する「媽祖（まそ）」は、台湾人が移民として大陸から渡ってきた時に持ち込んだ航海安全の女神で、本山は福建省にある。台湾から参拝者が絶えることはない。同じく大陸に本山のある仏教や道教の諸団体も毎年のように様々な名目を付けて台湾を訪問し、同じ信仰を持つ同士として交流を深めている。台湾人の「心のルーツ」を利用した宗教交流は、中国政府が望むところである。

中国ほど宗教の力を認識し、その力を利用することに熱心な国家は珍しいことがわかるだろう。570万人とも約1200万人ともいわれる信徒を有する中国天主教教会（カトリック）では、世界どこのカトリック界にもない、聖職者と信徒からなる愛国的大衆団体の「中国天主教愛国会」が強大な権限を持っている。政府がカトリックの監視、指導のために作らせた組織だ。中国とバチカンの関係正常化を妨げているのは、ローマ法王だけに認められている司教の任命権を中国が否定し、独自に選出しているからだが、ローマ法王の批判に正面切って対抗しているのがこの愛国会だ。カトリックの教区を司牧する（導く）司教は、法王を頂点とするカトリック組織の要の役割を果たす重要なポストであるだけに、中国も妥協はできない。

中国の宗教事情を理解するには、日本との違いに留意する必要がある。中国では仏教、道教、イスラム教、カトリック、プロテスタントを「5大宗教」として公認し、他の宗教の存在を認めていない。社会の価値観が急変する時代に既成宗教を否定する新興教団が次々と生まれるのは中国も同じだが、政府はそうした教団を一切認めようとしない。「邪教」として取り締まっている。歴代王朝が新興宗教集団に結集した民衆のエネルギーで倒された歴史の教訓に学んでいるのだろうか。また、宗教は統一戦線工作（共産党以外の勢力を取り込む働きかけ）の対象であり、党には統一戦線工作部、政府には国家宗教事務局が置かれている。「政教分離の原則」の常識は通用しない。

第1章

チベット 2008年3月10日

始まりは平和的抗議行動

耳目を集めた「チベット騒乱」は2008年3月10日に始まった。チベットでいったい何が起きたのか？　インド・ダラムサラに亡命政府を置くダライ・ラマ14世側の情報などを基に再現してみよう。

3月10日午後3時50分、中国チベット自治区の区都ラサ。観光客が必ず訪れるチベット最大規模の寺院であるデプン・ゴンパ（哲蚌寺）の僧侶500人が市内に繰り出してデモ行進を始め

■ダライ・ラマ14世

チベット仏教の最高指導者。1935年生まれ。法名をテンジン・ギャツォといい、1940年ダライ・ラマ14世になる。ダライはモンゴル語で大海を、ラマはチベット語で高僧を意味する。観音菩薩の化身として尊敬されている。チベット人にとっては政治面でも最高指導者であった。1959年のチベット動乱の際、ラサからインドに亡命し、以降はインド北部のダラムサラでチベット亡命政府を率いている

ETtoday.com 西藏喇嘛向外國記者呼喊沒自由　陸媒「聽不到」

NOW news 今日新聞

2008/4/4星期五 農2月28日沖龍21歲煞北

簡體　熱門：精

新聞分類
總編選稿
新聞總覽
新聞圖集
今日圖文
影音
政治
財經
大陸
社會
國際
地方
生活
消費
娛樂
體育
旅遊
資訊
話題
BBC
汽車
論壇

國際>> 重點新聞　國際情勢｜名人軼事｜新鮮世

速報 ▶ 買遠航沒問題　金門酒廠年營收百億(14:36)

西藏喇嘛向外國記者呼喊沒自由　陸媒「聽不到」

2008/03/28 17:30
大陸中心／綜合報導

西藏動亂事件發生後，大陸27日首度開放境外媒體進入西藏拉薩，當地喇嘛看到外國媒體記者激動落淚，泣訴沒有人身自由，不過在大陸的新聞時段中，卻完全看不到這樣的畫面。

西藏大昭寺喇嘛27日向外國媒體哭訴沒有自由。（圖／美聯社）

西藏拉薩喇嘛：「我們沒有自由，我們要自由，他們都是騙我們的，這些進來的這些人都是幹部，沒有其他人，全都在騙人，他們對我們很殘忍。」

「当局を信じるな。すべてやらせだ」。騒乱後の3月27日、初めてラサ入りを許可された外国メディア取材団に対して、ジョカン（大昭寺）の僧侶らは逮捕を覚悟でこう訴えた／取材団に加わった台湾・東森テレビのネット版「ETtoday」より

た。直ちに警官らが僧侶に殴りかかり、催涙弾で蹴散らした。僧侶50、60人が身柄を拘束された。その2時間後、やはりラサを代表する寺院のひとつセラ・ゴンパ（色拉寺）の僧侶14人が、ラサの中心にある最も聖なる寺院ジョカン（大昭寺）前で

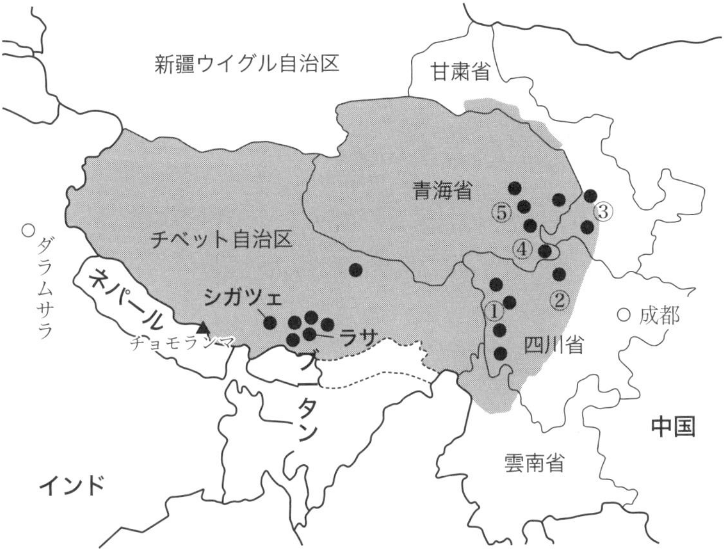

① 四川省カンゼ・チベット族自治州
② 四川省アバ・チベット族チャン族自治州
③ 甘粛省甘南チベット族自治州
④ 青海省黄南チベット族自治州
⑤ 青海省海南チベット族自治州
● 抗議行動の発生が伝えられた主な地域
▒ 中国内のチベット圏

チベットの国旗「雪山獅子旗」を掲げて「チベット独立」などを叫んだ。この平和的な抗議行動もただちに警察によって押さえ込まれた。

僧侶らによる街頭行動は、チベット自治区だけでなく、中国の行政区分で青海、甘粛、四川、雲南の各省にまたがるチベット圏の各地で起きた。青海省パイェンカル（化隆県）では、ブッダの一生を描いた壁画で有名なドツァン・ゴンパ（瞿雲寺）の僧侶のデモ行進が当局に阻止されたが、約60人がダライ・ラマの写真を掲げ、「チベット独立」を叫んで、香草を焚く儀式を行った。同省海南チベット族自治州マンラ（貴南県）のルツァン・ゴンパ（魯倉寺）でも僧と民衆ら300人余りがデモを行った。甘粛省甘南チベット族自治州サンチュ(夏河県)と四川省カンゼ（甘孜）チベット族自治州のカンゼでは、「チベット独立」と書かれたビラがあちこちに張り出された。

抗議行動はなぜ「3月10日」に起き、騒乱の出発点になったのだろう？

「3月10日はチベット人の心に深く刻み込まれた日です。毎年この日、チベット人は捕まり、殴られ、投獄されます。罪を得た原因は、ただ心の中にある願いを声に出して叫んだことなのです」。ブログ上でこう語るのは、北京に住むチベット人作家のオーセル(唯色)さんだ。チベット人の心を率直に語る彼女のブログは度々、当局の閉鎖に遭う。

49年前（1959年）のこの日、ラサで僧侶と民衆が中国軍のチベット「侵攻」に抗議して蜂起した。中国軍に拘束される恐れのあったダライ・ラマはヒマラヤを越えてインドに亡命し、チベット亡命政府を樹立した。亡命政府側が「チベット民族平和蜂起」といい、中国側が「民主的改革に反対する封建的農奴主の武装反乱」とする事件だった。

ダライ・ラマは毎年、この日を記念して声明を出す。今年の声明は、「およそ60年間、……チベット全土のチベット人が中国の弾圧のもと、常に怯《おび》え、脅され、監視の目に晒《さら》されて暮らしてこなければなりませんでした」「チベットでは弾圧が続いています。数え切れないほどの想像を絶する人権侵害、宗教の自由の否定、宗教問題の政治問題化が増え続けています」と指摘した。

2008年の抗議行動はこの10日の一日に止まらなかった。オーセルさんのブログはその理由をこう語る。「チベット人にとって僧侶は仏法僧（仏陀・仏法・僧伽）の三宝のひとつです。それなのに（その僧侶たちが）ミャンマーの僧侶たちのように町に出て、平和的な訴えを行い、座り込んだだけなのに、殴られ、逮捕され、僧院が包囲されました。民衆はこうした暴行を目の当たりして、怒りと積年の恨みを爆発させたのです」。

10日から続いた各地の抗議行動は14日、ついに「チベット騒乱」と外部が形容する深刻な事態に発展した。

チベット圏のほぼ全域に広がる

ラサではラモチェ（小昭寺）の僧侶100人近くが、デプン・ゴンパとセラ・ゴンパに対する当局の鎮圧に抗議してデモを行った。これが引き金となり、数万人規模の抗議行動に拡大、武装警察などが市内に入り、徹底的な鎮圧を開始した。こうした混乱の常として、ごろつきの類が民衆に紛れ込み、放火や略奪の先頭に立ったであろうことは想像に難くない。多数の死者が出た。亡命政府は「100人」、中国当局は「18人の何の罪もない市民と警官1人」「暴徒は3人」と発表した。ラサではこの日だけで「953人の身柄が拘束され、うち403人が逮捕された」（チベット自治区発表）。

甘粛省サンチュ（夏河県）にあるチベット仏教ゲルク派6大寺のひとつ、ラプラン・タシキル（ラプラン寺）はこの日、年に一度の法会を繰り上げて行い、午後2時、400人近い僧と民衆がチベット国旗を掲げ、「チベット独立」「ダライ・ラマ万歳」と叫びながら、地元政府庁舎前をデモ行進した。翌15日には、前日の逮捕者の釈放を求める数千人のデモ隊が町に繰り出し、公安や武装警察と激しく衝突した。軍が投入され、無差別の発砲により、多数の死者が出たとされる。四川省アバ・チベット族チャン族自治州のアバでは16日、キルティ・ゴンパ（格爾登寺）付近で僧侶や民衆数千人が抗議デモを行い、当局の鎮圧で子どもを含む30人以上が射殺されたという。その犠牲者とされる複数の遺体の写真がインターネット上に流れた。後に治安当局に僧侶572人が拘束された。

抗議行動は、中国領土の4分の1を占めるチベット圏のほぼ全域に広がった。中国国内に居住するチベット人約540万人のうち、延べ数十万人が抗議行動に立ち上がったのではないか。中国当局が認めるだけでも、各地で計150件の騒乱が起きた。全体の犠牲者の人数は4月中旬現在、亡命政府側は「150人」としているが、中国当局は全体の人数を公表していない。

ダライ・ラマは4月6日、「チベットの同胞たちへ」と題する呼びかけ文を発表した。「チベット人は長きにわたって現実の中で民族の不平等を味わい、信教の自由はなく、『共産党こそチベット人の活仏』といった歪曲された軽蔑的な言論や何ら憚《はばか》ることのないペテンに晒され、大漢(民) 族主義に基づく思想と行為に侵害されることに強い不満をしめしてきました」

大漢（民）族主義

漢民族がすべての中心であるという考え方。中国は56の民族からなる多民族国家だが、人口の92%は漢族が占める。それだけに中国政府は漢族を除く55の少数民族に対し「民族の文字・言語を使用する権利」など民族区域自治政策をとってきた。しかし近年の経済発展に伴う漢族の少数民族地域への進出は、少数民族の人びとの目には漢族の文化的侵略に写る。

「(今回の事件は) 中華人民共和国の『極めて少数の反動を除き、ほとんどのチベット人は現状に満足し、幸福な生活を享受している』という虚偽の宣伝を暴き、全チベットの人々の望みと意思が一致していることを表している」と抗議行動の意義を高く評価しながらも、「あなた方がいまだに怒りのただ中にあることは私もわかっています。しかし、いかなる時にあっても平和と非暴力の路線に従うことは極めて大切なことです」と暴力行為に走ることを諌《いさ》めた。

中国政府の公式見解

では、中国の公式見解が描く「チベット騒乱」はどんなものだろうか？

3月14日、ラサ発の国営新華通信社電は、チベット自治区責任者の発言として、「ラサのごく少数の者が殴打、破壊、略奪、放火の破壊活動を行い、社会の秩序を乱し、人民大衆の生命と財産の安全を害した。これはダライ集団が組織的、計画的に、綿密に画策したものであることを証明する十分な証拠があり、チベットの各民族大衆の強い憤《いきどお》りと厳しい非難を浴びている」と報じた。突如、騒乱状態に陥り、混乱の続く真っ最中の当日に、早々とダライ集団の仕業と断定したものだ。根拠となる「証拠」は示さなかった。

なお、中国がダライ・ラマを「ダライ」「ダライ集団」と、「ラマ」（高僧の意）を抜いた蔑称で呼び捨てにするのは、「高僧などではありえず、政治的逃亡者だ」という不快感を込めたものだ。

騒乱は「和諧社会」（調和のとれた社会）の構築を掲げる胡錦《こきん》濤《とう》政権が年に1度の全国人民代表大会（国会に相当）を北京で開会中に起きた。大会最終日の3月18日、恒例の内外記者会見に臨んだ温家宝《おんかほう》首相は、「ダライ集団犯行説」を強調したうえで、

■ **胡錦濤**

中国の最高権力者。国家主席・中国共産党総書記・中央軍事委員会主席。1942年生まれ。1985年貴州省のトップ、共産党書記に42歳の若さで抜擢される。

1988年チベット自治区の共産党書記に就任。1989年3月ラサに戒厳令を布告するなど、当時のチベットの独立を求める民族運動を抑え込んだ。2002年11月、江沢民の後を継いで中国共産党の新総書記に選出された。

「ダライが（チベット）独立の主張を放棄し、チベットが中国の領土の不可分な一部であることを認め、台湾が中国の領土の不可分な一部であることを認めるならば、彼との対話の大きな門は常に開いている」と従来からの主張を繰り返し、「(ダライが騒動を起こした）いまもそれは変わらない」とした。

外国人観光客と報道陣を追い出して報道管制を敷いた中国当局は、3月21日にようやく「騒乱の真相」の公表にこぎ着けた。それによると、「内外のチベット独立を企む分裂勢力が互いに結託して作り出した」もので、10日にその口火が切られたと断定した。証拠としてあげたのは、逮捕された1人のチベット人の「彼ら（分裂を企む分子）は金を渡して私にモノを壊させた。多く殴り、多く壊し、多く放火するほど、多くの金をくれた」という自供だった。中国中央テレビなど党と政府の宣伝機関は真相公表の前日から連日、「暴徒が破壊、放火、略奪する」映像を繰り返し流し始めた。

4月1日に公安省が発表した「騒乱の内幕」はより詳細になった。「昨年5月、ダライ集団はベルギーで大会を開き、北京五輪ボイコット運動の戦略を決めた。9月、米国内のチベット独立派が大蜂起運動の構想を提起した。この構想に基づき、養成班を作って暴力テロの具体的方法を教授した」「世界が中国に注目するオリンピックが開催される2008年を最後のチャンスとし、チベット内外で大蜂起運動を起こし、中国に危機的状況を作り出すことを決めた」「ダライ集団が派遣した1人の幹部宅か

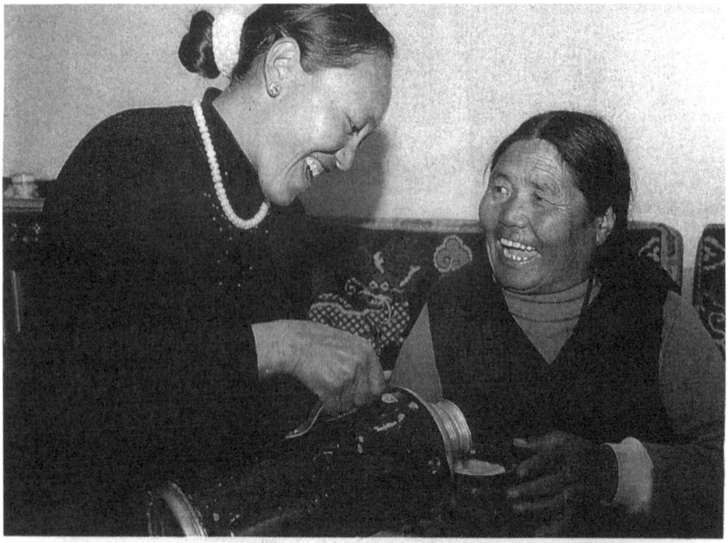

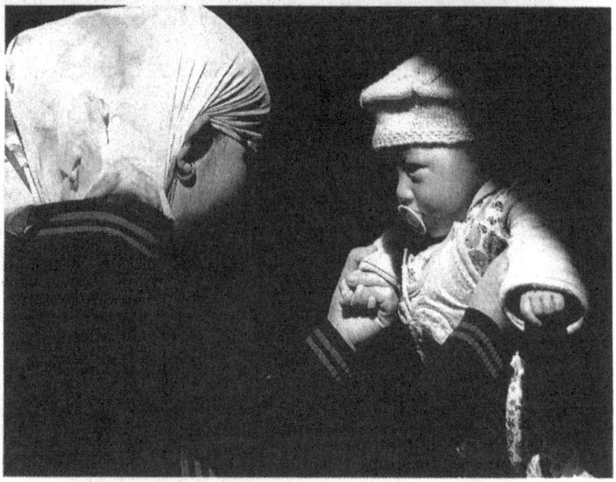

拉萨

居民生活 安定祥和

目前，拉萨“3·14”打砸抢烧事件受害最严重的城关区冲赛康、夏萨苏、吉崩岗等社区居民的生活正在逐步恢复，一些商铺重新开门营业，生活设施也逐步得到修复。

上图：3月23日，居住在拉萨市吉崩岗的藏族女孩次仁卓嘎给母亲次松敬酥油茶。

新华社记者　普布扎西摄

右图：3月23日，甘肃临夏来拉萨做生意的马丽亚带着孩子亚古白在冲赛康的巷子里玩耍。

新华社记者　格桑达瓦摄

事实不容扭曲　公道自在人心

新华社记者

十天前，西藏拉萨发生打砸抢烧严重暴力犯罪事件。凡是有良知的人，无不对暴徒的残忍罪行感到义愤，为无辜受害群众感到悲伤。事件发生后，中国政府通过事实和数字向国际社会作出

不顾，反复指责我国政府“剥夺藏人宗教自由”、“灭绝西藏文化”。他们还别有用心地将北京奥运会牵扯进来，借他人之口鼓吹抵制奥运，似乎铁了心要把这届奥运会搅黄。

黑白不容颠倒 事实岂能混淆

上图为美国有线电视新闻网(CNN)“巧妙”裁剪的画面，上有一辆车和两位奔跑者，虽然说明写的是“藏人向军车投掷石块”，可图中却看不见类似场景。

上图显示的是本来面目，车的另一侧正有10余名暴徒在投掷石块。可是，CNN在刊用反映暴徒用石块砸车的图像剪裁了。

英国BBC在其网站上推出题为《藏人描述持续骚乱》的报道，所配图片是西藏当地公安武警协助医护人员将受伤人员送进救护车的场景，文字说明却写道“在拉萨有很多军队”，无视救护车的明显标志和卫生员的红十字标志。

美国《华盛顿邮报》用的是尼泊尔警察与示威者的图片，却只见“中国政府”、“拉萨”等字样。

（上）「欧米メディアの作為ある報道ぶり」を非難する『人民日報』（3月27日付）の特集。その説明によると、左上のCNNの写真は、右上の場面から「暴徒の投石場面を故意に外した」ものだ。左下のBBCの写真は「ラサには多くの軍隊がいる」との説明があるが、「丸印を見れば赤十字のマークであることは明白で、（兵士ではなく）救護要員だ」と反論する

（左）「騒乱の被害が最もひどかった」ラサなどでも「住民の平穏な生活が戻った」と、3月24日付の『人民日報』は写真付きで報じた

ら押収した証拠から、この幹部は2006年からダライ集団と連絡を取り合い、チベットに12人の連絡員を置き、地下情報網を構築したことが判明した」などと告発した。中国当局の結論は、「騒乱の黒幕はダライだ」である。

「(中国を窮地に陥れようとした)大蜂起運動は10日から始まった」とする中国当局にとって、10日の抗議行動が極めて「平和的」だったことをどう説明するかが、厄介だったのではないか。騒乱鎮圧後、ラサ入りを許された日本の和田充広公使ら外交官たちに対して、チベット自治区のシャンパプンツォク主席も「10日の僧侶数百人によるデモ行進は平和的な抗議行動であった」と認めている。当局作成の「騒乱の真相」は、「3月10日のデプン・ゴンパ（哲蚌寺）の異常な（つまり「平和的な」――筆者注）行動は陽動作戦に過ぎず」「14日の騒ぎの出発点は（デプン・ゴンパが暴動の本拠かのように当局を惑わせて）郊外のデプン・ゴンパではなく市街地のラモチェ（小昭寺）からまず攻撃が始まった」と解釈してみせた。

中国から「騒乱の黒幕」と名指しされたダライ・ラマは「事実無根」と全面否定し、事実解明のために中国メディアも含む国際的な調査団による本格的な真相解明を要求したが、中国政府は「内政問題」として拒否した。

尼僧ザンモの体験

中国政府は、指名した外国人記者たちに3月26日からのラサ取材をアレンジした。チベットが平静を取り戻し、8月8日に開会式の迫った中国初の北京五輪の開催に影響がないことを内外にアピールしよう意図したものだった。ところが、取材団が2日目に訪れたジョカン（大昭寺）で、当局のシナリオにないハプニングが起きた。突然、記者たちの前に現れた僧侶約30人はテレビカメラの前で泣きながら、「政府側の主張に真実はない。いつもウソばかり並べている」「チベット人には自由がない、チベットに自由を」「（寺院内に取材のために用意されている僧侶姿の人間達は）本当の仏教の信者ではない。共産党員だ。彼らは政府が送り込んだ役人だ」「ダライ・ラマに帰ってきてもらいたい。政府は我々にダライ・ラマを冒涜《ぼうとく》するよう望んでいるが、それは正しいことではない」と口々に直訴した。わずか数分の出来事だったが、中国政府の言い分の信憑性を疑わせるのに十分な決死の直訴だった。中国の思惑は外れ、メンツを失った。

今回、「全チベット人の深く根ざしてきた憤り」（ダライ・ラマ）を噴出させた僧侶と民衆に待っているものは何なのか、それはチベット人なら誰もが知っていることだ。

ダライ・ラマ法王日本代表部事務所が出している季刊誌『チベット通信』2007年春号は、1990年にラサで、チベットに駐留を続ける中国に対する抗議デモに友達と参加して逮捕、投獄され、後にインドに逃げてきた尼僧ザンモの体験を紹介している。

今回の騒乱で抗議行動の舞台のひとつとなったジョカン（大昭寺）の寺院前広場。ラサで最も神聖な寺院とされ、日頃は終日、「五体投地」を熱心に捧げるチベット人たちの姿が見られる／清水勝彦撮影

――刑務所では、尼僧に残忍な刑が科せられた。「警官は電流棒を私の性器に突っ込んだ。それから天井にくくりつけた。本当に、本当に恐かった」。やがて最も恐れられているラサのドラプチ刑務所に送られた。「看守たちは私の両腕をちぎれるほど引っ張った。それから腕と脚を金属製の棒でたたきのめした。簡単に殺されてしまうと思った」。刑務所では見せしめもめずらしいことではなかった。ある日、4人の尼僧が中国人看守の前で、仏教徒としての信仰を捨てることを拒否した。「4人は死ぬまで殴られた。みんな一緒に死んでしまったの」

多くの僧侶と尼僧が服役していることは、1998年に江沢民《こうたくみん》主席（当時）が「中国における宗教の自由」を直に観てもらおうと、初めて招いた米国宗教界のリーダー3人が証言している。ラサの刑務所を視察すると、「6人に1人」が僧侶だった。

ザンモ尼の体験は昔話でない。アムネスティ・インターナショナルが騒乱後の4月1日に出した報告書は、「長期にわたって報告されているチベットでの拷問その他の虐待のあり方から判断して、アムネスティは（今回の騒乱で）チベットで拘束されている人々が、殴打その他の虐待を受けているであろうことを懸念している。不公正な裁判で死刑判決を受けるおそれもある」と指摘した。

であるにも拘わらず、多くのチベット人が何度でも抗議に立ち上がる。それはなぜなのだろう？

チベット問題の根幹には、「チベットは歴史的にも独立国だった」とするダライ・ラマ側と、「13世紀中葉、正式に元朝の版図に入った。歴史的にも、現在も、未来も中国の一部である」と譲《ゆず》らない中国側との決定的な対立がある。ただし、海外のチベット研究者の間からは、「中国はチベットが独立国として中国と外交していた資料を隠している」との指摘があることも事実だ。今日の世界では中国の言い分がより広く認知されている。ダライ・ラマは1989年のノーベル平和賞受賞者で、歴代の米国大統領ら世界の指導者が面会を求めるほど高い評価と尊敬を集めているが、亡命政府を承認する国家は1カ国もない。

歴史的な経過があるだけに、中国政府のチベット政策の最大の眼目はチベットを絶対に独立させないことにある。そのためには、ダライ・ラマの影響力を徹底的に削《そ》ぎ、権威を失墜《しっつい》させなければならない。チベット人すべてが信仰するチベット仏教では、ダライ・ラマは観音菩薩《かんのんぼさつ》のトゥルク（化身）で、この世の人々を救うために転生（生まれ変わり）を繰り返して現れてくれる、と信じられている。人々の篤い信仰の対象であり、寺院やチベット人の自宅の仏間にはダライ・ラマの写真が祭られている。当局は1990年代中頃から、それらの写真の一掃に取りかかった。「写真狩り」である。今回の騒乱では、アバ県のキルティ・ゴンパに乗り込んだ治安部隊が摘発したダライ・ラマの写真を僧侶らに踏みつけるよう強制したという。

愛国主義教育という名の「洗脳」

僧侶に対する愛国主義教育の実施も重視されている。「チベットは中国の一部」で「ダライ・ラマはチベット分裂を図る大罪人である」と教え諭すのが愛国主義教育だ。今回、大きな抗議行動が起きた甘粛省・サンチュ（夏河県）のラプラン・タシキル（ラプラン寺）は、1994年に愛国主義教育の基地（重点施設）に指定されていた。事件後に現地入りできた読売新聞記者は3月18日付のルポ記事で、「チベット民族の文化を軽視する政府に、もう我慢できない」「共産党が常に正しく、我々の最高指導者（ダライ・ラマ）が誤っているという考えは受け入れられない」「(1951年以降の中国軍のチベット進駐は) 我々にすれば、明らかな侵略だ」という僧侶の肉声を伝えた。チベット国の存在を前提とすれば、現在の状況は「占領下」であり、愛国主義教育という名の「洗脳」に僧侶たちがいかに強く反発しているか、よく分かる報道だ。

寺院と僧侶の管理・監視も徹底している。「騒動」を起こすのは民衆の尊敬を受けている僧侶たちで、チベット社会における知識人だからだ。各寺院に「民主管理委員会」を設置させ、当局に逆らわないような管理、運営をさせている。寺院ごとの僧侶の定員制も厳格に実施し、僧侶の増加に歯止めをかけている。

活仏転生制度にも介入

中国はダライ・ラマの影響力を弱めるために精神的な対抗軸を作りあげようと、チベット仏教の活仏転生制度にも介入する。無神論のはずの共産党だが、利用できるものなら神でも仏でも利用するのに何のためらいもない。「活仏」(高僧) の死後、その「生まれ変わり」(転生) の子どもを見つけ出し、亡くなった活仏の地位を継承させるのが活仏転生制度だ。1989年、ダライ・ラマに次ぐ有力指導者のパンチェン・ラマ10世が死去すると、政府の指導の下で「生まれ変わり」探しを進めた。「ダライ・ラマを批判し、共産党を賛美するパンチェン・ラマ」を育成するためだ。ところが、「生まれ変わり」探しの宗教儀式を担当する高僧らは、「生まれ変わり」の認定にはダライ・ラマのお墨付きが必要不可欠と考え、密かに全情報をダライ・ラマ側に漏らした。ダライ・ラマはその情報をもとに中国政府に先んじて1995年、「生まれ変わり」の子どもを認定してしまった。怒った中国政府は、別の子どもを選出し、「パンチェン・ラマ11世」とした。

17歳になった官製パンチェン・ラマは、今回の騒乱の最中に「断固として党と政府を擁護する」「あらゆる祖国分裂、民族団結を破壊する行為に反対する」という声明を出した。恐らく出させられたのだろうが、この態度こそ政府がダライ・ラマの対抗軸に期待するものだ。政府が求めているのは「愛国愛教」の宗教家である。「教え（宗教）を愛する」前に、まず「国を愛さなければならない」のだ。

中国共産党「認定」の活仏第1号は、1992年に就任させたカギュー派の最高位の化身であるカルマパ17世だった。パンチェン・ラマ11世の認定より3年も前のことだ。この時はダライ・ラマも同じ子どもを認めたので問題は起きなかった。ところが、パンチェン・ラマ11世とともに「共産党の広告塔」に育てるはずのカルマパ17世は1999年末、インドに亡命してしまった。「（教師役の高僧が中国を嫌って亡命してしまっている）中国ではカルマパとしての修行が十分にできない」のが亡命の理由だった。

中国の宗教は法律でもがんじがらめに締め付けられている。憲法は「宗教信仰の自由」を認めているものの、政府の狙いは

「外部の影響力を遮断し」「管理・監視を強め」「体制維持に好都合な宗教にする」ことに尽きる。中国初の総合的宗教法規として2004年11月に公布された宗教事務条例は、「宗教団体、宗教活動施設および信者は……国家統一、民族団結と社会の安定を擁護しなければならない」(第3条) と釘を刺し、「チベット仏教の活仏が地位を継承する場合……人民政府に報告し、承認を得なければならない」(第27条) として、政府の活仏転生制度への介入を合法化した。法的にもダライ・ラマの影響力は排除された。同条例は、宗教団体の設立から (教会、寺院など) 活動場所の登記、宗教活動そのもの、(僧侶や神父、牧師ら) 宗教活動職員、財産に至るまでその全てに当局への届け出と承認を義務づけた。

イスラム教、カトリックも「難題」

イスラム教も独立問題を抱える「要注意」宗教である。主に新疆《しんきょう》ウイグル自治区に居住し、イスラム教を信仰するウイグル人たちは20世紀前半、短期間ながらも2度、「東トルキスタン共和国」を建国している。ソ連崩壊後、隣接する中央アジア諸国が独立し、国際的なイスラム復興運動の高まりもあって、ウイグル人の独立志向は再び高揚した。中国政府は厳しい弾圧と同時に、根本的な解決を目指してイスラム教の愛国化に取り組んだ。まずコーランの解釈権を事実上、政府が握《にぎ》り、愛国的な説教集を編集、出版した。金曜日の礼拝でモスクの指導者が信徒に語りかける説教は、それまでの原理主義的なものから「国を愛することがイスラム教徒の第一の義務」といった愛国を強調するものに改めさせた。9・11米国同時多発テロ後、国際社会がイスラム過激派により厳しい目を向けるようになり、中国政府は欧米の人権批判を気にしないで「分離」(独立) 勢力に対する弾圧を強化している。

ローマ法王の司教任命権を否定して、半世紀に及ぶ対立が続くバチカンとの関係も、中国にとっては重要な宗教問題である。カトリックもチベット仏教と同じく、ローマ法王という現存する最高指導者を戴《いただ》く宗教であり、中国には世俗の権威を認めず、ローマ法王にのみ忠誠を誓う「地下教会」が存在する。チベット問題だけでなく、「宗教」は一瞬の気のゆるみも許されない中国政府の難題である。

中国のチベット対策はムチだけでない。アメも併用されている。遊牧などの第一次産業が6割を占める「高原の秘境」チベット自治区であるにも拘わらず、この7年間の自治区の経済成長率は、中国平均を上回る12％以上を記録している。政府が中央の予算を投入しているから可能な経済発展だ。10年前のことだが、上海のある共産党幹部が非公式の場でこう語った。「チベットなんか独立させればいい。中国経済を支えている我々上海が納める税金をチベットに注ぎ込んでも、感謝されるどころか、すぐ独立だと騒ぎ出す。チベットなんか要らない」。もちろん冗談半分の発言だが、半分は本音のようだった。

チベットを含む貧困地域のてこ入れを目指す「西部大開発」の象徴が、チベット高原に敷かれた青蔵鉄道である。2006年7月に開通した。経済のさらなる発展で、チベットに対する北京の求心力が強まる効果を期待している。

経済発展というアメも、チベット仏教を核とした伝統的なチベット社会を守る側からみれば、「チベットで起きていることは文化の大虐殺だと思っています。チベット人は自国にいるにもかかわらず、(中国人らの大量移住で) 少数派へと転じています。言語、文化、伝統などチベット独自の文化遺産が刻々と消えています」「チベット人のアイデンティティーが絶えず攻撃に晒されているのです」(ダライ・ラマ) となる。もちろん中国政府は全面的に否定する。

今年の騒乱は、中国政府が初めて戒厳令を布告して鎮圧した1989年3月の「チベット騒乱」以来、初めての大規模騒乱となった。なぜ、今年これほどの高まりをみせたのか?

北京五輪のチャンスをとらえる

前述したように、中国政府はダライ集団が北京五輪開催で世界の注目が中国に集まる今年を、チベット問題解決のために中国政府を追いつめる「最後のチャンス」と位置づけていたと分析している。中国で初めて開催される五輪の失敗は許されない。北京五輪が開催される今年だからこそ、大規模騒乱が仕掛けられたと中国政府は断定した。

中国当局の指摘する「昨年5月、ダライ集団はベルギーで大会を開いた」という事実は確かにあった。第5回チベット支援団体国際会議が2007年5月にブリュッセルで開かれている。中国当局の手にかかると「後ろ暗い密室の陰謀」のような印象を与えるが、実際はベルギー上院議長が主賓となり、56カ国から45の支援団体メンバーら315人が集まったオープンな会議だった。会議の模様は、『チベット通信』2007年秋号でも報じられた。それによると、「2008年北京オリンピックを、チベット問題を世界にしっかりと認識させる大規模なキャンペーン開始の機会とする」ために、①チベット・チームの五輪参加を国際オリンピック委員会に申請する②独自の「チベット自由の聖火リレー」を行う③公式オリンピック聖火が街に来た際にはチベット問題に焦点を当てる、などの「オリンピックキャンペーン」活動計画を決めた。「北京五輪ボイコット運動の戦略を決めた」とする中国のニュアンスとはかなり異なっている。

ダライ・ラマ本人は一貫して「北京五輪の開催を支持する」と発言している。北京五輪の聖火リレーが各地で妨害を受け始めた4月6日に発表した「チベット同胞への呼びかけ」でも、「12億の中国の人たちが待ち望んでいる……チベット人がオリンピックのじゃまをすることを良いこととは思いません」と重ねて自制を求めた。

同会議が活動目標とした「チベット問題を全世界にしっかりと認識させる大規模キャンペーン」に、絶好の舞台を与えてしまったのが中国自身だったのは皮肉としかいいようがない。中国は本来なら北京五輪を全世界に宣伝する晴れがましい場で、チベット弾圧のしっぺ返しを受けた。それでも、中国政府は「極めて少数のチベット独立分子による聖火リレーの破壊に現地の市民たちはみんな強い不満と非難を表明している」(4月7日、北京五輪組織委員会記者会見)とする立場を崩そうとはしない。

焦るチベット人

今年の抗議行動の盛り上がりにはチベット人たちの「焦り」がその背景にあった。

ダライ・ラマは全チベット人の長年の夢である「チベット独立」をあきらめ、それに不満な人々を説得しつつ、「中国の中での意味のある自治」の獲得を目指している。独立放棄は、1987年に米国議会で発表した「5項目和平プラン」に続く、翌88年の欧州議会での「ストラスブール提案」で国際社会に公約済みだ。それにも拘わらず、「全世界が(独立放棄を)信用しているのに、中国だけが信じてくれない」(ダライ・ラマ)状況が今日まで続いている。それだけに、ダライ・ラマとチベット社会は、2002年に再開された中国政府との非公式交渉に期待を寄せた。ところが、胡錦濤政権は2007年春、交渉のテーマを「ダライ個人の将来の問題」に絞《しぼ》ると宣言し、鄧小平《とうしょうへい》が1979年に約束した「チベットの独立という問題を除くならば、すべての問題は交渉可能である」とする対話路線を大きく後退させた。2007年6月末にダライ・ラマの特使ギャリ・ロディ・ギャルツェンが訪中して第6回交渉が行われはしたものの進展はなく、対話の行き詰まりは誰の目にも明らかになった。ダライ・ラマが希望していた「中国聖地巡礼の旅」も拒否された。

ダライ・ラマのチベット帰還を長年、待ち望んでいた人々の失望と怒りは大きかった。四川省リタン県で2007年8月に行われた競馬祭りで、ひとりの遊牧民が群衆の前で「ダライ・ラマの帰還」を叫び、国家政権転覆扇動罪で禁固8年の重刑に処せられた。翌月には甘粛省サンチュ（夏河県）の中学校で同様のスローガンが書かれ、中学生30人が拘束される事件も起きた。サンチュは今回の騒乱で大きな抗議行動が起きた場所だ。今回の騒乱の予兆はすでに昨年夏から始まっていた。

ダライ・ラマは今年73歳で、チベット人としてはかなりの高齢に属する年齢になったことも、チベットの人たちの焦りを強めている。中国政府は2007年7月、「チベット仏教活仏転生管理規則」を公布し、ダライ・ラマ14世亡き後の15世探しの段取りを詳細に定めた。「代替わり」の主導権を握るための準備は着々と進んでいる。

ダライ・ラマは、「私が亡命先で死ねば、後継者の15世は私の背負ってきた使命を引き継がなければならない」「私の生まれ変わりは（中国政府の管理下で使命が果たせないことのはっきりしている）チベットではなく、外国で見つけられるべきだ」と常々語り、中国政府を牽制する。いずれの日か中国政府が中国内で「見つけて」就任させる「ダライ・ラマ15世」は「偽者」であると、先んじて宣告するのだ。

カリスマ指導者を失うチベット側のダメージは計り知れない。亡命政府側の「15世」が成人するまでの約20年間を堪え忍ばなければならない。それがわかっているだけにギャリ特使は2008年3月31日、米国ワシントンで中国語報道機関の記者を招き、「ダライ・ラマだけが、絶望を感じているチベット人たちに平和と非暴力の道を歩んでいかせるだけの影響力をもっている」と語り、「14世が健在なうちにチベット問題を解決することが、中国政府にとっても賢明である」というメッセージを中国に送った。

チベット情勢の今後

チベット情勢はこれからどうなるのだろうか？

短期的には2008年8月の北京五輪までがひとつの山場となる。胡錦濤主席は今年3月6日、全国人民代表大会のチベット自治区代表らを前に、「チベットの安定と安全は全国の安定と安全に関わる」と語り、チベットの重要性を強調した。直後に起きた今回の騒乱で、その重要性はさらに増したと認識したことだろう。

13年間も宗教行政のトップにいる葉小文《ようしょうぶん》国家宗教事務局長は、広東省の『南方周末』紙のインタビュー（2008年3月13日付）で、「チベット問題の本質は、宗教問題ではなく、分裂と反分裂の問題である。我々とダライ集団との闘争は信仰・不信仰の問題でも、自治・不自治の問題でもない。チベットを安定させるのか、混乱させるのかの問題であり、祖国の統一を維持・擁護するのか、祖国を分裂させるのかの問題だ」と語っている。この認識は今回の騒乱でさらに確固としたものになったに違いない。

チベット騒乱の北京五輪への影響は、一部諸国の首脳らの開会式ボイコットで治まりそうだ。旧ソ連のアフガニスタン侵攻で西側諸国がボイコットしたモスクワ五輪の二の舞という最悪の事態は避けられそうで、中国政府は内心ではホッと胸をなで下ろしているだろう。これからはチベットに対する締め付けをさらに強め、チベット騒乱に刺激されたウイグル人の動きも封殺して、オリンピックを成功裏に終わらせることに全力を注ぐだけだ。

北京五輪さえ乗り切れば、いよいよ本腰を入れてチベット問題の「最終決着」に取りかかるだろう。ダライ・ラマの死去を待ち、「生まれ変わり」探しの主導権を握って、パンチェン・ラマ11世と同様、「共産党賛美のダライ・ラマ15世」を育て上げる戦略だ。14世を失ったチベット人側に有効な対抗手段はないとの読みだ。亡命政府側には、国際世論頼みで、中国に対話を迫るしか選択肢はない。

「ふたつの見方がある。ある人はダライ・ラマが死ねばチベット問題は消滅するという。もうひとつの考え方は、ダライ・ラマが死んでも問題はなくならず、むしろますますひどくなる。その時に、チベット人を導き、説得する人はおらず、チベットはさらに制御が難しくなるというものだ」

こう語ったのはダライ・ラマ本人だ。2004年に米『タイム』誌のインタビューを受けた時の言葉である。ダライ・ラマは続いて語った。

「どちらが正しいだろうか、私には分かりません。私が死ぬまで待ちなさい。そうすれば現実が答えてくれるでしょう」

時の流れは中国に有利に働くのか、それとも中国はダライ・ラマ亡き後のチベットの大混乱に手を焼き、失った時を悔やむことになるのか。いずれにしてもチベットの明るい未来を予測するのはかなり難しいと言わざるを得ない。

第2章

中国宗教問題の基礎知識

「信仰の自由」

中国共産党が一党支配を堅持している中国だが、憲法第36条で、「中華人民共和国の公民は、宗教信仰の自由を有する」と「信仰の自由」を認めている。条文は「いかなる国家機関、社会団体、個人も、公民に宗教の信仰または不信仰を強制してはならず、宗教を信仰する公民と宗教を信仰しない公民を差別してはならない」と、権力の介入を戒める一方、「何人も宗教を利用して、社会秩序を破壊し、公民の身体・健康を損ない、国家の教育制度を妨害する活動を行ってはならない」と、ワクをはめた。

略史　政府の宗教観は、中国の近現代史に影響されている。宗教は「封建的迷信」「人民のアヘン」であり、キリスト教の進出は、欧米列強の侵略を抜きに語れない。帝国主義、封建地主階級、官僚資本主義の「道具」という認識だった。

潜在的な「危険勢力」を無力化するため、第1に外国の影響力を徹底的に排除し、第2に宗教団体とその活動を完全に管理、監督下に置いた。カトリック（天主教）は、司教の任命権がローマ法王に握《にぎ》られているため、世界から孤立する道を選んだ。プロテスタント（基督教）も、完全自立を図る「三自愛国運動」（外国の支配を排除する「自治」、経済的に自立する「自養」、中国人自ら布教に当たる「自伝」）を展開した。

毛沢東《もうたくとう》時代は、政治運動のたびに公認宗教も被害を受けた。文化大革命では、「旧い風俗、習慣、思想、文化」破壊運動の対象となった。鄧小平《とうしょうへい》時代になり、宗教にも開放の波がやってきて、宗教ブームが起きた。改革開放政策の進展は海外の宗教各界との積極的な交流も招くことになり、江沢民《こうたくみん》時代になると「合法的な宗教活動は保護し、違法活動は制止する。（イスラム原理主義など）海外勢力の浸透を阻止し、宗教を利用した犯罪に打撃を与える」政策を明確にした。1994年には、中国国内における外国人と外国団体の布教活動を禁止する「中国における外国人の宗教活動を管理する規定」を施行した。遅ればせながら、中国初の包括的な宗教行政法規となる「宗教事務条例」も2005年に施行され、宗教活動に対するきめ細かな監督と指導を明文化する一方、党政府職員による恣意的な抑圧や介入を戒めた。現在何らかの信仰をもつ宗教人口は1億人を超えている。

バチカンとの関係　カトリック教徒たちは、政府とバチカンの「歴史的な和解」に期待している。前ローマ法王ヨハネ・パウロ2世は2001年、侵略に加担した過去を初めて公式に謝罪し

文化大革命

1966年から76年までほぼ10年間つづいた政治・社会運動。プロレタリア文化大革命ともいう。普通、政治的に革命闘争といえば反権力闘争を指すが、文革を発動したのは当時共産党主席という最高権力者の地位にあった毛沢東だった。新中国建国以来、毛沢東は一貫して社会主義建設を急速に押し進めようとしたが、60年代後半になってその政策の失敗は歴然となり、党内の権力は劉少奇・鄧小平ら「実権派（実務派）」といわれるとグループに移っていった。毛は、このままでは自らが理想とする労働者・農民が権力をにぎる社会主義国の建設は危なくなる判断したのであろう。まずのちに「紅衛兵」とよばれる学生ら若者に「実権派」の打倒を呼びかけた。そのとき若者たちがかかげ、毛も支持したスローガンが「造反有理」（謀叛には道理がある）だった。

文革派の攻撃対象は党だけでなく学校、工場、団体などすべての組織に拡大し、全国は大動乱の状態に陥った。これまで権力をもっていた組織の幹部、また知識人はそれだけで迫害の対象になった。「古い文化を壊すこと」も善とされたから貴重な文化財の多くが破壊された。特にチベットではその影響が大きく、たとえばラサ最大の寺だったデプン寺は文革中、多くの僧侶が殺害、追放された。破壊された伽藍はいまもまだ完全には修復されていない。

文革は76年毛の死とともに収束するが、この間、動乱の犠牲者は数百万から1000万人に及ぶという。経済をはじめ多くの分野で活動が停滞した。81年、共産党中央委総会は、文革を「党と国家と各民族人民に大きな災難をもたらした内乱」と位置づけ、全面的に否定した。ただし、文革の最高責任者・毛についての党の公式見解は「毛主席は偉大なマルクス主義者、偉大なプロレタリア革命家、戦略家、理論家であり、中国革命における功績は、過ちをはるかにしのいでいる」となっている。

改革開放政策

1978年、中国は文革で停滞した経済を建て直すため、鄧小平の指導体制の下で、国内体制の改革および対外開放政策をとることにした。それまでの中国は社会主義体制で、企業・農地などは国・公有だった。また対外経済はいろいろな面で国が管理していた。それを市場経済体制への移行しようというもの。

まず農村部では人民公社が解体されて農地は個々の農民に配分され、私有は認められないが、自己が管理する農地については経営自主権を保証し、農民の生産意欲向上を目指した。

都市部では企業の経営自主権の拡大などの改革をすすめた。また、外国資本が進出する際、税金・雇用などの面で優遇措置をとる経済特区を沿岸部にもうけるなど、対外経済の開放策をとった。この改革・開放政策は1989年の天安門事件の際に一時中断したが、その後もほぼ一貫してすすめられ、現在の高度成長の原動力となった。ただし、同時に都市と農村、沿岸部と内陸部などの格差が広がり、問題になっている。

和解を求めた。2005年4月に就任したベネディクト16世も前法王の路線を継承する。バチカンは、中国政府公認の愛国会系教会と、あくまで法王に忠誠を尽くして共産党の権威を否定する「地下教会」に分裂した中国カトリックをなんとか一本化したいと考えている。双方の最大の対立点である司教の任命権問題だが、法王の承認を受け、かつ中国当局の公認も得ている「二重承認」の司教がすでに9割近く占めていることは、公然の秘密になっている。対話開始に向けた交渉が進んでいくものとみられる。

チベット仏教　チベット仏教徒の心配は、亡命中のダライ・

ラマ14世の寿命だ。死去すれば、政府は「生まれ変わり」探しの主導権を握り、共産党賛美の15世を育成する考えだ。亡命政府が別の児童を「本物」として擁立するのは確実で、2人のダライ・ラマが出現する可能性が高い。すでに95年には、第2の指導者パンチェン・ラマの「生まれ変わり」として、ダライ・ラマと政府がそれぞれ別の少年を選出する事態が起きた。だが、ダライ・ラマが認めないパンチェン・ラマ11世ではチベット民衆の信仰を勝ち取れないことがわかり、政府はやむなく2002年、9年ぶりにダライ・ラマの特使を招いて対話を再開させた。ダライ・ラマは、中国が受け入れることの出来ない「チベット独立」を放棄し、「高度な自治」を要求しているが、政府はこの方針転換に懐疑的だ。

「9・11」の影響　イスラム教世界では、「9・11」米国同時多発テロの発生後、宗教統制がさらに強まった。政府は、新疆《しんきょう》ウイグル自治区における東トルキスタン独立運動を、オサマ・ビンラディンのテロ組織「アルカイダ」と連携した国際テロ組織と断定しており、イスラム教の宗教活動がテロ組織の温床になることを警戒する。政府は自らのコントロール下にある中国イスラム教協会を通じてコーランの解釈権を握り、教義の面からも「中庸」「愛国」のムスリム（イスラム教徒）養成に力を入れている。

新宗教　価値観が激変する時代には、既成宗教に飽き足らない民衆の救済を目指す、さまざまな新興教団が出現する。改革開放が進んだ今日がまさにそうで、政府は公認5大宗教傘下の認可団体を除くすべての新興団体を「邪教」として潰す方針だ。

中南海を平和的に包囲した気功団体「法輪功」も「邪教」と断罪された。国家権力を総動員して一民間団体を弾圧するのは、1949年の政権樹立以来初めてのことで、一党支配を続ける共産党の権威にかかわる事態だけに、政府は摘発の手を緩めていない。

中国の公認５大宗教

仏教	紀元1世紀前後にインドから漢民族居住地に広まった「漢地仏教」、7世紀ごろチベットに入った「蔵伝仏教（チベット仏教）」、7世紀中葉にビルマから雲南の少数民族にもたらされた「雲南上座部仏教」に区分されている。言語から「漢語系」「チベット語系」「パーリ語系仏教」という分け方もある。「漢地仏教」には厳密な入教儀式がなく信徒数の統計はないが、かなりの人数に上るとみられる。「チベット仏教」は、チ
道教	中国で生まれた土着の宗教。2世紀ごろから宗教として組織化が進んだ。中国に古くから伝わるさまざまな神々の信仰や神仙説、呪術が集大成されている。老子の道家の思想を中心にすえ、伝説の黄帝を始祖としている。初期の教団としては、太平道、五斗米道（天師道）。庶民の日常生活の中で、民衆道教として熱心に信じられた。現在も漢民族の精神文化に影響を与えている。信者数の統計はない。正一派と全真
イスラム教	紀元7世紀ごろ中国に伝来し、主に少数民族の間で信仰されてきた。スンニ派とシーア派に大別されるが、中国のムスリムは主にスンニ派に属している。ウイグル、カザフ、ウズベク、タジク、タタール、キルギスなど、旧ソ連国境周辺でトルコ系の言語を話し、集中的に居住している10の少数民族と、中国各地に分散し、中国語を話し中国文化に生きる回族（860万人）とでは、かなり様相がちがう。イスラム教
カトリック（天主教）	16世紀、イエズス会士が科学知識を媒介として布教に成功し、基礎を築いた。アヘン戦争後、欧米の中国侵略と密接に結び付きながら急速に広まった。1946年、ローマ法王庁は中国に137の教区を設け、総司教など主な聖職には外国人を任命した。社会主義政権の成立後、欧米からの自立が課題となり、「愛国的」神父、教徒らが反帝愛国運動を展開した。58年からはローマ法王だけに認められている司教の任命も独
プロテスタント（基督教）	中国で「基督教」といえば、キリスト教の新教を指す。1807年英国の伝道士が訪れて布教したのが始まり。カトリック同様、アヘン戦争後、帝国主義列強の中国侵略と結び付いて活動を大々的に広げていった。多くの病院、学校、慈善団体をつくった。社会主義政権成立後、海外の影響力を断ち、中国キリスト者の自立を求める「三自愛国運動」が起

ベット族やモンゴル族などの約900万人。雲南系は、タイ族、プーラン族、ドアン族など約100万人。現在、政府が許可している寺院は1万3000カ所。14カ所の教学施設がある。僧侶、尼僧は約20万人いる。全国的な連合組織として1953年に成立した「中国仏教協会」がある。現会長は一誠《いっせい》法師。刊行物『法音』『仏教文化』を出している。

派に分かれ、道観（道教の施設）は1500カ所。独特の道教音楽を伝え、四大聖地のひとつ湖北省武当山では武術がさかんだ。専従宗教者である道士、道姑は2万5000人。全国的な団体として「中国道教協会」がある。現会長は任法融《じんほうゆう》。1957年に成立した。雑誌『中国道教』を刊行。90年、「中国道教学院」が正式に開学した。

人口は、これら民族の合計約1800万人から推定される。モスク管理者や宗教指導者は4万人。清真寺と中国風に呼ばれるモスクが3万5000カ所ある。政府の統一的管理による、メッカ巡礼もさかんになった。全国団体として1953年に「中国イスラム教協会」ができた。現会長は陳広元《ちんこうげん》。雑誌『中国ムスリム』を発行し、「中国イスラム教経学院」を開いている。

自に行ってきた。教徒は約570万人（1200万人説も）、司祭2200人。5600カ所の教会がある。57年設立の「中国天主教愛国会」は、カトリック組織を指導、監督するための聖職者と教徒による大衆団体。80年に成立した「中国天主教司教団」は、全国的な指導機構。両団体共同で『中国天主教』を刊行。「中国天主教神哲学院」を開いている。

きた。現在、教徒は約1600万人。聖職者は1万8000人ほど。1万2000の教会と一般家庭を利用した集会所が2万5000カ所。全国的な団体として、54年成立の「中国基督教三自愛国運動委員会」（傅先偉主席）と80年にできた「中国基督教協会」（高峰会長）がある。両団体で『天風』を刊行。「金陵協和神学院」を運営。

第3章

激動の13年

1994

「中国内における外国人の宗教活動を管理する規定」が、1994年1月31日に公布、施行された。

この規定は、国内での「外国人の宗教信仰の自由を保証し、社会公共の利益を保護する」「外国人が中国の宗教界と友好往来し、文化学術交流活動を行うことを保護する」ものだ。

だが、目立つのは外国の影響を極力排除しようという姿勢だ。外国人は教会、寺院、モスクなど「宗教活動施設」で、経典の講義や説教を行えるとしながら、ただし、それは「省、自治区、直轄市以上の宗教団体の招待を得て」という条件付だ。

宗教関係の印刷品、テープ、ビデオ類なども、「社会の公共利益に害を及ぼす」物の持ち込みを禁止した。さらに、「外国人は国内で、宗教組織を作り、事務機構を設け、宗教活動施設や宗教学校を設置することはできない」と規定し、国民に対する布教、宣教活動を明確に禁止した。

同時に施行した「宗教活動施設の管理条例」は、宗教活動を登記制度、財産管理などの施設面から規制するものだ。ここでも、「宗教活動施設は国外の組織、個人の支配を受けない」とクギをさした。

治安管理処罰条例を適用

違反者は「治安管理処罰条例」で処罰される。94年5月12日公布、施行の改定条例で、「会道門（民間信仰の秘密結社）や封建的な迷信活動を利用して、社会秩序を乱し、公共の利益を危うくし、他人の身体健康を損ねたり財物をだまし取る、刑事処罰に至らないもの」は15日以下の拘留、200元以下の罰金または警告となる。

「中国基督教協会」の主席である丁光訓《ていこうくん》（全国政協副主席）は、「一部の悪意をもつ者が、宗教を利用して国の安全に不利なことをするのを防止するための法律である」と解説し、「管理規定の公布によって、外国人キリスト信者の中国における宗教活動には、法的保証が与えられた」という。

宗教施設の管理条例違反での取り締まりが早くも始まっている。報道によると、瀋陽市の公安部門が摘発した2人の牧師は、「教会内の違う教派間の矛盾と教会財産の移転問題を利用して非合法活動を行い、反対者に暴行を加えた容疑」で、摘発された。また、上海市公安当局は、台湾の宗教家を国外退去させた。中国各地で「神の予言で2018年に世界は終わる」と説教し、布教活動を行った、とされる。

開放政策の進展にともない、海外の宗教団体が中国への浸透を図り、布教活動を始めている。当局は、海外の宗教勢力が暴力を用いずに政権を打倒する「和平演変」の温床にならないよう警戒を強めている。

バチカンと和解の動き

バチカンとの歴史的な和解に向けた動きが進んでいる。「中国を訪問したいという強い希望は変わらない。あらゆる接触

ある教祖の誕生

「特異功能（超能力）」を認める気功から、新興宗教の教祖が誕生している。青海省出身の元新劇女優、張香玉《ちょうこうぎょく》（50）は、その典型的なケースだ。『大自然の魂魄』という紹介本によれば、張香玉は1985年8月のある日、突然、気が体の中心に注ぎ込まれたように感じた。これが不思議な体験の始まりで、胃病で苦しむチベット人の夫の腹部や病気の同僚らの患部に手を近づけるとウソのように次々と治ってしまった。未来を予知したり、透視能力も得たとされる。

「21世紀には天地が覆る大変動が来る。気功を広めないと人類は滅亡する、と天の声は教えている」と、88年に自分の「自然中心功」を普及させるべく北京に出てきて、北京動物園の裏手に研究所を開いた。病気が治るという評判がたち、遠く東北地方からも病人がやってきた。1日に数千人に上る日もあった。「受功」の会場では、やさしい教師風の張香玉が、まず10分ほど ↗

の機会を逃さないよう努力している」と、ローマ法王ヨハネ・パウロ2世は、積極的な発言を繰り返す。

95年1月、法王が出席してマニラで開かれたカトリック教会の「世界青年デー」年次大会に、中国から初めて代表団15人が参加した。法王は地元のカトリック系短波ラジオ局「ラジオ・ベリスタ」を通じて中国の信徒たちに「神の加護」を祈るメッセージを送った。中国代表団と法王の会見が予定され、注目されたが、中国側が拒否して結局、実現しなかった。主催者側が事前に「中国、台湾とも行事には国旗を持ち込まない」と

↘「弱者を助けなければなりません。名誉やご利益ばかりを求めてはいけません」と説く。それから「宇宙語」と説明される不思議な言葉で歌い始める。すると人々はトランス状態になり、倒れる人、鳥の鳴き声を真似る人も出る。この歌を通して教祖から気を受け取り、その瞬間、大自然と一体化できる、という。「自然中心功」の実践者は、全国で10数万人に上った。放置できなくなった当局は、『北京日報』などの官製メディアを動員し、「封建的迷信だ」と批判、ついに張香玉は、90年の北京アジア大会前に身柄を拘束されてしまった。だが、弾圧にもかかわらず、熱心な「信者」たちは、その後も各地で気功を続けた。

参加者たちがどれほど意識しているかはともかくとして、病気治癒という現世利益から出発する宗教といっていい。この宗派は超能力をごく自然のこととみなしているのが特徴だ。パンフレットには、「練功の過程で、他人には見えない物や人、色が見えたり、人体を透視できたり、声が聞こえても心配いらない。超能力の予兆です」と説明している。

ラサのバルコル（八角街）の屋台で売られていたダライ・ラマ14世の写真。当局の「写真狩り」が始まるとこうした光景は姿を消した／1992年7月、清水勝彦撮影

約束していたにもかかわらず、台湾の国旗が持ち込まれたためだった。中国代表団は、「バチカンが（国交をもつ）台湾との関係を断たないかぎり、関係正常化はない」と抗議した。

イスラム教を観光資源に

イスラム教を観光資源にしようという外貨獲得の試みが具体化してきた。中国旅行社グループは、西安、トルファンなど

5本の「イスラム教の旅」観光コースを設定。インドネシアの観光業者が招かれて視察した。

94年2月発表の中国社会科学院「93～94年、社会情勢分析と予測」は、93年に起きたイスラム教侮辱事件の詳細を明らかにした。全国的に広がった騒乱の引き金は、四川美術出版社が出した『脳筋急転落』という本だった。イスラム教徒が豚に向かってアラーの神に祈る姿を描いた漫画が掲載されていた。

甘粛では、責任追及と処罰を求める署名活動や1万人規模の抗議集会が各地で開かれた。当局側はただちにイスラム教徒に謝罪し、6000冊を回収して焼却処分し、出版社は営業停止、責任者を解任した。

チベット仏教に規制強化

チベットでは、ラサで94年9月末、それまで公然と売られていた亡命中のダライ・ラマ14世の肖像写真がすべて警官に没収された。チベット人にとってダライ・ラマは信仰の対象で、自宅の仏間はその写真を安置して長寿を祈っている。当局はダライ・ラマの「写真狩り」に踏み切り、その権威を否定する狙いがあるようだ。チベット自治区当局が、破壊された寺院の修復の制限や寺院ごとの僧侶の人数制限などに踏み出した、という情報もある。

歴代ダライ・ラマの居城で信仰対象の「ポタラ宮」の修復工事完成式典が、8月9日に行われた。中国政府が5年の歳月と約6億3000万円の費用をかけた大工事だった。

故パンチェン・ラマ10世の「生まれ変わり」探しは、ダライ・ラマによると、すでに何人かの候補の少年がいる。

中国政府は、非公式にダライ・ラマ側に認定の「お墨付き」を求め、水面下での動きが続いているようだ。後継者の認定は高度に政治的な色合いを帯びており、次の大きな火種となりかねない。

1995

2人パンチェン・ラマ

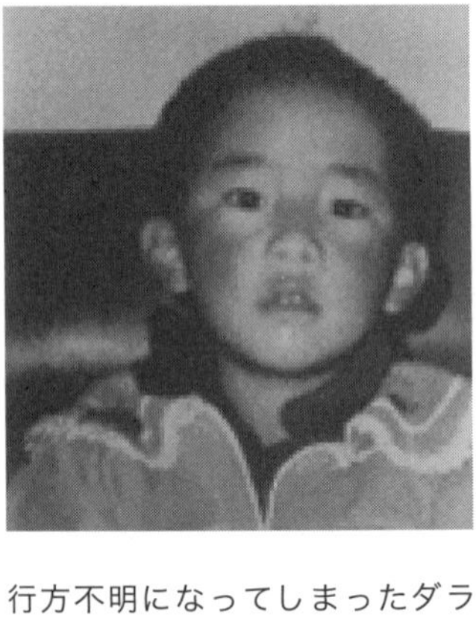

行方不明になってしまったダライ・ラマ認定のパンチェン・ラマ11世（ニマ少年）／ダライ・ラマ法王日本代表部事務所ホームページより

チベット仏教が大きな曲がり角を迎えている。故パンチェン・ラマ10世の「生まれ変わり」の子供が2人も存在するという異常事態が起きたのだ。

歴代パンチェン・ラマは、ダライ・ラマに次ぐ宗教指導者の地位にある。1989年1月に10世が死去後、中国政府は、共産党の権威の下に生まれ変わりを探す、と宣言。「チベット独立を画策する」ダライ・ラマ14世の認めない選出は、チベット民衆の支持、崇拝を受けられない。実務を担当したタシルンポ寺の消極的な抵抗を受け、遅々として進まなかった。一時期、政府は非公式にダライ・ラマ側の協力を得ようとしたこともあったようだ。

インド亡命中のダライ・ラマ14世は、同寺から密かに情報提供を受け、中国より先に95年5月14日、チベット自治区に住むゲドゥン・チューキ・ニマ少年をパンチェン・ラマの生まれ変わりと認定、公表した。激高した政府は、この認定を無効と声明。同寺に別の子供の選出を急がせ、11月29日に伝統的なおみくじで選んだギャイン・ツァイン・ノルブ少年を「本物」と認定した。96年1月12日、江沢民《こうたくみん》国家主席は、この少年を北京に呼び寄せ、中国政府に

パンチェン・ラマ11世（ノルブ少年）の権威付けを急ぐ中国政府は、国務院宗教事務局の雑誌『中国宗教』の表紙に李鵬首相の接見を受ける写真を掲載して宣伝に努めた

忠誠を誓わせるセレモニーを演出してみせた。

敬虔な仏教徒のチベット人がこうした事態を恐れていたのは、次は信仰の対象であるダライ・ラマの後継者を巡り、同様の混乱が起こる可能性が高いからだ。民族のアイデンティティーが崩壊してしまう。

ニマ少年とその家族、さらにダライ・ラマ14世に情報を提供したとみられる同寺の最高責任者が行方不明となった。政府は拘束説を否定しているが、ダライ・ラマ14世は憂慮を表明した。政府は今後、ノルブ少年に徹底的な英才教育を行い、「反ダライ・ラマ」思想を植え付けることになろう。中国は宗教面でもダライ・ラマ14世の影響力を排除する構えだ。

新興宗教のラッシュ

広東省の農村で、95年6月から死者18人、100人余りが入院する連続毒物散布事件が発生、パニックとなった。逮捕された容疑者は、地元に住む女性(42)とその息子(20)だった。報道されたところでは、近所の廟《びょう》で引いたおみくじを、「悪人を除けば、不幸に遇わない」と解釈し、殺鼠剤を食堂や養殖池に投げ込んでいたものだ。安徽省では、「被立王」と名乗る農民(51)が、「2000年には、被立王の神の国が造られる」と説き、信者を増やしたが、女性信者らに肉体の奉仕まで求めたことから訴えられ、当局の摘発を受けた。貴州省では、詳細は不明だが、「霊鴿菩薩」信仰が盛んとなり、「一部の指導幹部まで信じている」と非難された。湖南省のある村では、10数万元を投じて民間信仰の「大老神」を祭る廟が新築された。

また、一部の気功集団が「超能力」を利用して民衆を惑わし、金儲けしていると、中国気功科学研究会が非難しなければならない事態も起きている。大都会の上海などでは、百貨店に商売繁盛の神々が祭られている光景は、もはや珍しくない。

官製メディアは当然、マイナス面のみ強調するが、報道の背後に容易に想像されるのは、当局から「迷信」と断罪される新興宗教が各地で続々と生まれ、それを支持する民衆のマグマの様なエネルギーが存在する状況だ。党員の信者も急増しているといわれ、共産党はこの面でも挑戦を受けている。

上海でおみくじ禁止条例

上海市は95年11月に市宗教条例を改定し、96年3月より寺院の境内などで行われているおみくじや占い、観相、病気直しの祈祷などを禁止した。違反者は処罰される。63カ条の市条例は、寺院、教会など当局の認可した「宗教活動場所」以外で、お布施や寄付を受け取ることも禁じた。

94年1月、政府は宗教活動の規制、管理をさらに強化した。上海の改定は、これをより具体化したもので、庶民のささやかな行為まで強権で押さえ付けることになった。

即身仏の寺

即身仏への信仰が現代に生きているのが、中国4大仏教聖地のひとつ、安徽省の九華山だ。海抜千数百mの山中に82の寺院が建つ。

そもそも、開祖の金喬覚《きんきょうかく》・大和尚が即身仏となり、「金地蔵」として崇められている。95年夏、生誕1300周年の大法会が行われた。即身仏は過去の出来事ではない。この法会では、開祖以来12体目となる即身仏が新たに安置された。4年前に88歳で亡くなった慈明和尚という人物だ。死後、遺言に従い座禅の姿勢で瓶に納め、山中に埋葬した。95年春、ふたを開けてみるとミイラ化していた。安置前、斎堂の一室で、間近に拝む機会があった。座禅を組んだ大柄な裸体が、心持ち首をかしげている。全身に漆を塗っているとはいえ、いまにも語り出しそうな迫力があった。生前の人柄がしのばれる1枚の小さな写真を見ると、痩せた長身にボロボロの僧衣をまとい、禅杖を手に背筋をスッと伸ばして↗

方丈を勤める祇園禅寺の前で、九華山最高責任者の仁徳大師／1995年7月、清水勝彦撮影

↘立っている。清貧の僧だったようだ。

歴代の即身仏のいくつかは、文化大革命の際、紅衛兵に破壊されてしまった、という。いま、九華山では全山挙げて「地蔵菩薩の99 m金剛大仏」建立に取り組んでいる。最高責任者の九華山仏教協会長・仁徳《にんとく》大師が発案した。

資金調達は、韓国の仏教徒に期待している。というのも、開祖は新羅王家ゆかりの人物と伝えられており、中韓国交成立後、韓国からの参拝者が急増しているからだ。お目付役の行政機関である九華山管理所も、「観光資源になる」と賛成している。

40年前に九華山に来た仁徳大師は「自分の布団から参拝者に出す茶碗まで没収された」文化大革命を経験している。条件の許すいま、後世に残る大仏を建立したいという考えが強い。遠からず即身仏の里に、新たな信仰の対象ができる。

「金地蔵」を祭る九華山。開祖の金喬覚・大和尚が即身仏になったと伝えられる／1995年7月、清水勝彦撮影

カトリックが神学留学生

中国とローマ法王との「歴史的な和解」を目指す、水面下の動きが続いているようだが、目に見える成果はない。しかし、海外交流はますます盛んになっている。中国天主教愛国会は95年、アメリカに23人の神学留学生を派遣した。「世界のカトリックの教理の変化と発展を知るため」（傅《ふ》鉄山《てつざん》司教）だ。この3年来、欧米への派遣者は60人以上にのぼっている。

ローマ法王が任命した鄧《とう》以《い》明《めい》大司教が、95年6月に死去した（87歳）。80年に釈放されるまで、約20年間も容疑が明らかにされないまま獄中にあった。病気治療のため出国を認められた後は、香港で布教活動を続けていた。

その他の動き

◆中国基督教協会（プロテスタント）は、1月第2日曜日だった「世界平和祈祷日」を、96年から8月14～20日の日曜日に変えた。95年8月に開かれた反ファシスト戦争・抗日戦争勝利50周年宗教者座談会の決定に基づくものだ。

◆中国仏教協会の趙樸初《ちょうぼくしょ》会長は3月8日の全国政治協商会議の席上、「宗教と無関係な企業や地方政府が勝手に『寺院』を建立し、金銭を取っている」と批判。宗教ブームに便乗した金儲けや観光地づくりの動きに警鐘を鳴らした。

◆仏教界では国際交流の取り組みが積極化し、初の中国、韓国、日本の「3カ国仏教交流会議」が5月21日から北京で開催され、計600人が参加した。趙樸初会長はあいさつの中で、「仏教の面での協力と交流は、3カ国の文化交流の最も重要かつ中核をなすものである」と意義を強調。最終日の23日には、北京の広済寺で「世界平和を祈る法要」が営まれた。一行には江沢民主席が会見した。

◆中国イスラム教協会が主催する初の「コーラン朗唱大会」が3月15日、北京で開かれた。各地の予選を通過したウイグル人や回族の34人が参加した。

1996

香港返還と「信仰の自由」

英国から中国に返還される1997年7月1日以降、「一国二制度」が実施される香港における信仰の自由が保証されるかどうか。香港の各宗教界、とりわけ中国とバチカンとの間に国交のないカトリック教会が強い関心を寄せた。香港のカトリック信徒は26万人、人口の約5%と多くはないが、大きな社会的影響力をもっている。

中国政府は返還を前に積極的な諸工作を展開した。政府の宗教担当部門である国務院宗教事務局の葉小文《ようしょうぶん》局長は1996年6月、香港を訪問。香港6大宗教といわれる天主教(カトリック)、孔教、仏教、基督教（プロテスタント）、イスラム教、道教の指導者と会い、当局の方針を直接説明した。

香港特別行政区基本法には、宗教に関する条文として、「香港特別行政区政府は、宗教信仰の自由を制限せず、宗教組織の内部事務に関与せず、特区の法律に抵触しない宗教活動を制限しない」（141条）、「（香港と中国内地の関係は）互いに隷属せず、互いに干渉せず、互いに尊重する」（148条）などがある。中国側は、141条を「三不」（三つのNO《ノー》）政策と呼び、148条で示した「三互」原則とともに、香港説得の根拠とした。香港側の不安を打ち消し、返還に支障を来さないよう配慮する必要があった。

中国政府としてはこれらの政策と原則によって、香港の宗教団体が大陸の社会主義政権を転覆させる「和平演変」の基地とならないよう防波堤を築くねらいが込められている。というのも、1989年春に北京の大学生らが起こした民主化運動が、香港を拠点とする「西側の敵対勢力」の働きかけで、政権を揺るがすほどの深刻な事態に陥《おちい》ったとする「反省」が政府内にある。共産党と政府には、以前から「西側に開かれた窓」香港に対する警戒心が根強かった。とりわけ、「民主と平和」を強く主張するカトリック香港教区は、煩わしい存在とみられている。

香港側は、おおむね推移を見守る方向で静観している。カトリック香港教区は、返還を機に、中国内地の非公然「地下教会」と当局公認の教会の和解に向け、橋渡しの役割を演じたいと考えている。

タシルンポ寺で1996年5月28日、江沢民主席が揮毫して贈った扁額「護国利民」の除幕式が行われた／『中国宗教』1996年秋季号より

官製パンチェン・ラマの既成事実化進む

89年に死去したチベット仏教界の指導者パンチェン・ラマ10世の「生まれ変わり」として、党と政府が認定したノルブ少年の既成事実化が積極的に進められている。96年1月12日、認定間もない少年を北京に呼び、江沢民党総書記兼国家主席が接見した。5月28日、歴代パンチェン・ラマの拠点であるチベット自治区シガツェのタシルンポ寺に江総書記が揮毫《きごう》した「護国利民」の大きな扁額が掲げられ、少年も出席して除幕式が行われた。この四文字の意味は、「共産党を擁護し、国家の主権と中

1996年1月12日、江沢民主席がパンチェン・ラマ11世（ノルブ少年）を接見し、少年からハタ（白布）を献じられた／『中国宗教』1996年春季号より

央（政府）の権威を守る」ことだ、とチベット自治区のラディ党副書記は強調した。6月1日には、少年が正式に僧侶となる受戒式が同寺で執り行われた。一方、インド亡命中のダライ・ラマが認定したニマ少年は、一時消息すら途絶え身の安全が心配されていたが、駐ジュネーブ中国大使は6月1日、「当局の保護下にある」ことを明らかにした。

政府は、幼いパンチェン・ラマ11世の擁立を好機として、チベット仏教界の最高指導者であるダライ・ラマの権威と影響力を一掃しようと懸命だ。これまで容認してきたダライ・ラマの写真を寺院からすべて撤去させるとともに、主要寺院の僧侶一人ひとりに、官製のパンチェン・ラマ11世を認めるかどうかを「踏み絵」として、忠誠度をチェックしている。だが、反発は強く、有力寺院のひとつのガンデン寺では400人の僧侶が当局と衝突した。各地で抵抗が強く、逮捕者が出ている。「ダライ・ラマの認めていないパンチェン・ラマ11世は偽者だ」というのが多くのチベット民衆の受け止め方だ。

地方に広がる管理強化

国務院宗教事務局は96年7月29日、「宗教活動場所年度検査規則」を公布した。94年以来の管理強化の仕上げともいうべき規則で、すべての宗教施設は毎年度、当局の検査を受けなければならない。検査項目は、法規の順守、宗教活動内容、財務収支状況などあらゆる分野に及んでいる。テストケースとして先行実施した武漢市の報告によると、「宗教の名を借りた非合法活動の取り締まり」も含まれている。

その他の動き

《イスラム教》 中国イスラム教協会の主催する第一回「ワーイズ」発表大会が3月、北京で開催された。「ワーイズ」はモスクの礼拝日に宗教指導者が参会者に行う説教のことで、この大会には愛国的な説教を奨励する狙いがこめられている。各地の予選を通過した46人が本選に参加した。

◆5月、カシュガルの有名なモスク、エンティガール寺院の最高指導者で、ウイグル自治区政治協商会議副主席も務めるア

集団結婚式

道教の珍しい集団結婚式が96年10月29日、4大聖地のひとつ、湖北省の武当山で行われた。行政主導で発足した武当山国際文化宣伝センターが主催した。国内や台湾、香港などから年間100万人近くが観光、参拝に訪れる聖地をもっと宣伝しようと企画したものだ。「テレビで、統一教会の集団結婚式を見てヒントにした」(仕掛け人の楊志華《ようしか》同センター副主任) というから恐れ入る。

当初は、海外に呼び掛け国際集団結婚式を考えたが参加者がなく、地元の機関や企業を通じ24組のカップルを集めた。背広姿の花婿と主催者がデザインした真っ赤なマントを着た花嫁たちは、神妙な表情で明代に建てられた紫宵宮で道教の神様「真武帝君」にひざまづき祝福の儀式を受けた。祝福のセレモニーが、聖地ふもとのスタジアムで開かれ、地元の4000人が見守るなか、主催者が工夫した道教風の音楽や歌舞を鑑賞した。

参加した銀行マンの余志軍さん (29) は、「個人的に結婚式を挙げると面倒なので、おもしろい集団結婚式があると聞いて参加しました」。花嫁の郭清貞さん (27) は、「多くの人に祝ってもらい感激で涙がでました」という。参加者はいずれも、道教の信徒ではない。日本の神前結婚やにわかキリスト教徒の教会結婚式の道教版といったところだ。

道教には、道士や道姑 (女性) の結婚を認めない全真派があり、集団結婚式がどこまで道教団体の容認を得ていたのか、疑問が↗

ロンハン師が襲われるテロ事件が起きた。事件の背景の報道はないが、政府はかねて愛国（体制派）指導者の身辺護衛を強化しており、体制寄り宗教家がイスラム過激派に狙われた、と見られる。

↘が残る。式の当日、武当山道教協会の責任者は、「北京に修行に行った」として現れず、祝福の儀試は若い道士が執り行った。

朝日新

集団結婚式

中国独特の伝統宗教である道教の集団結婚式が、四大聖地のひとつ湖北省の武当山に二十四組のカップルが参加して行われた。

「道教史上初めて」といわれる集団結婚式は、道教の吉日となる十月二十九日に開催された。背広姿の花婿と、真っ赤なマントを着た花嫁たちは、神妙な表情で明の時代に建てられた紫宵宮へ。真武帝君と呼ばれる道教の神様にひざまずき、道士から祝福の儀式を受けた。

主催したのは、行政主導でできた武当山国際文化宣伝センターだ。中国国内や台湾、香港などから年間百万人が観光、参拝に訪れる聖地をもっと宣伝しようと企画した。（武当山〈中国湖北省〉＝清水　勝彦）

道教の聖地、武当山で行われた集団結婚式を報じた朝日新聞1996年11月1日夕刊

◆イスラム教徒を侮蔑する出版事件が起きた。保定の地下出版社が、結婚風俗を卑猥《ひわい》に扱った本7万冊を出版。各地でイスラム教徒が集団抗議する動きを見せた。事態を重く見た公安省が指揮して一味を摘発。3月、主犯に無期懲役の有罪判決が出た。

《仏教》各地で当局の許可なく寺院や大仏を建立するブームが起きた。国務院は94年10月に出した「廟宇の乱造を禁止する通知」を再徹底するよう指示した。94年に無錫《むしゃく》で高さ88mの霊山大仏の造営が始まったことが火付け役となった。

《道教》95年末から道教の二大勢力である正一派と全真派が相次いで「授篆」、「伝戒」という資格認定の儀式を復活させ、宗教団体としての体制整備に乗り出した。

《宗教学》9月、北京大学に全国初の宗教学部が設立された。

《カトリック》97年1月、台湾の連戦副総統が国交のあるバチカンを訪問、ヨハネ・パウロ2世と会談した。ローマ法王は大陸との関係樹立に強い意欲をもっており、数年来、水面下で進んでいる「世紀の和解」の行方に、改めて世界の関心が隻まった。

《迷信の復活》ドジェツリン民政相は4月、人民日報紙上で「(政府が火葬を推進しているにもかかわらず) 一部に土葬の復活が見られ、紙銭を燃やすなど迷信活動が台頭している。葬儀にかける費用の伸びは生活水準の伸びを上回っている」と報告、社会主義政権下で下火になっていた迷信が復活していると警告を発した。国務院宗教事務局が主管する雑誌『中国宗教』96年第3号の記事「手相や運勢占いなどの迷信を等閑視するな」によると、「四柱推命学」「奇門遁甲」「風水学」などの書籍が280種類以上も書店に出回っており、「運命鑑定でメシを食っている人間は全国で500万人を超す」

1997

初の宗教白書を発表

宗教白書を宣伝するパンフレット。40ページにわたって詳述している

政府は初の宗教白書となる「中国における宗教信仰の自由な状況」を、1997年10月16日に発表した。白書によると、宗教人口は1億人を越え、教会・寺院などの宗教施設が8万5000カ所以上、神父・僧侶などの専従宗教従事者は約30万人に上っている。正確な信徒統計が不可能な仏教と道教を別にすれば、イスラム教徒の約

1800万人が最も多く、次いでプロテスタント約1000万人、カトリック教徒約400万人となっている。

1万字に及ぶ長文の白書は、政府が「信仰の自由」の擁護に力を入れていると強調する。 中国が「宗教団体は外国の支配

中国一の大仏開眼

中国最大の青銅製露天仏「霊山大仏」が無錫・太湖の湖畔近くに誕生した。97年11月15日、東南アジア各国から仏教指導者を招いた開眼供養式典には、あいにくの悪天候にもかかわらず10万人の善男善女が参拝した。

施主は、観光の目玉作りを狙う地元の政府系開発会社「無錫太湖国家リゾート発展総公司」。高賢偉社長は地元の区長で共産党員だ。敷地内に三蔵法師ゆかりの古寺跡があったのに着目。復興を名目に、当時はなかった大仏も造り、しかも高さ88mの「中国一の大仏」にしようと考えた。

中国仏教界の最高実力者である趙撲初・中国仏教協会会長が支持した。「五方五仏」を実現したいという念願がかなうからだ。中国の「北」には大同の雲崗《うんこう》石窟、「西」に四川の楽山大仏、「中央」は洛陽の竜門石窟がある。北魏から唐代に建造された巨大石仏だ。改革・開放の時代になり、五つの方角の中で欠けていた「南」に香港・天壇大仏が完成した。残るは「東」だけだった。「大仏建立は、政治の安定、経済の繁栄、人民の生活が落ち着いた時代を反映する」と仏教協会は語る。

大仏造営には、風圧測定や模型を拡大するコンピュータ技術などロケット工学が活用された。工事を請け負ったのは、ロケット開発を担当する元航空宇宙工業省傘下の国有企業だ。同社のもとには、海南島から108mの「南海大仏」の注文が来ている。四大仏教聖地のひとつ九華山も、地蔵大仏を造ろうと準備中だ。↗

を受けない」方針を貫いている理由は、アヘン戦争以来の列強による中国侵略に際して海外の宗教勢力が侵略のお先捧を担いだ教訓をくんだものだ、とその正当性を主張する。

注目されるのは、バチカンとの関係改善に積極的姿勢を示し

霊山大仏 / 撮影・王京、提供・中国旅行達人

↘開眼供養式典に来賓として出席した安徽省・九華山の仁徳大師は、「次は我々が地蔵菩薩を建立する番だ。中国一の高さ 99 メートルの金剛大仏になる。1999 年 9 月 9 日の着工を目指したい」と静かな意欲を燃やしていた。だが、大仏ブームの過熱を恐れる仏教協会は、今後一切認めないと宣言した。果たして説得できるかどうか。

たことだ。改善の条件として①台湾と断交し、中華人民共和国を唯一合法の政府と承認する②バチカンが宗教を口実に中国の内政に干渉しない、の2点を求めている。

政府が初の宗教白書をまとめた背景には、中国の宗教を巡る状況が米中間の新たな摩擦として浮上したことがあげられる。米国務省は97年1月に発表した96年世界人権報告と7月の「世界の宗教迫害に関する初の報告」の中で、中国における「宗教弾圧」の実例を挙げて憂慮を示した。「中国はすべての宗教活動を、厳しく管理された政府承認の宗教組織だけに制限し、礼拝所も登録されたところだけに制限している」「未公認宗教グループの取り締まりは、犯罪や地下の分離主義者、民主化運動に対する警察の摘発と同時に行われており、長期間拘留され死亡した指導者もいる」と米国は非難する。97年8月に身分を隠してチベットを視察したフランク・ウルフ米下院議員は、「多くの僧侶がダライ・ラマ14世の写真を捨てなかった罪で投獄されている」と報告した。

国務院宗教事務局は、宗教各界を動員して反論キャンペーンを展開した。宗教弾圧と非難されたケースは、「刑事犯を処罰しただけ」と全面否定、中国には宗教に対する迫害は存在しないと突っぱねた。白書が江沢民国家主席の訪米10日前に発表されたタイミングを見れば、米国に対する反論の総まとめだったことがわかる。

手を焼く「邪教」の蔓延

中国には欧米や日本で意味するような「信仰の自由」がないという米国の指摘は、まったくその通りだ。中国は、いわゆる新興宗教を一切認めていない。われわれには見慣れた光景である、街頭で宗教団体が宣伝ビラを配るといった平和的な布教活動ですら許可されない。宗教活動は、政府が許可した教会などの「宗教活動場所」の中でしか行えないのだ。

白書は、「(改革開放が進んだ) 80年代以来、一部の地域で邪教組織が出現し、宗教をカモフラージュに違法な犯罪活動を行っている。邪教の首謀者の中には、社会秩序を乱し、政府転覆を目論《もくろ》むものもいる」と述べ、宗教の「暴走」が体制の危機に直結するという見方をとる。

新聞報道によると、聖書を大量に持ち込み地下集会所を組織していた韓国人留学生が強制退去させられ、江蘇省などで布教活動をしていた台湾出身の宗教団体が摘発されている。「違法なラジオの福音放送を利用した海外宗教団体の活動も目に余る」と報じられている。

香港返還と信仰の自由

香港が中国に返還された97年7月1日、香港のカトリックとプロテスタントの団体が合同ミサを行い、返還後への「憂慮」を示した。参加団体の中には、89年天安門事件の記念日に行われる抗議行動に参加しているグループもある。中国政府は「香港の宗教も、1国2制度を守り干渉しない」と表明しているが、「すでに様々な圧力がある」と証言する香港の宗教指導者もいる。

ローマ法王は96年、返還後の香港カトリック界の指導者となる協働司教に陳日君《ちんにちくん》司教を任命した。陳司教は上海生まれで、一年の半分は中国各地の教会学校で神学を教えている。中国のカトリック事情に精通した人物で、バチカンと中国の橋渡し役を期待されている。陳司教は返還直前、「香港の信仰の自由は守られる。だが、返還後は大陸への宣教がかえって難しくなる。中国が我々をコントロールしやすくなるからだ」と語っていた。

その他の動き

◆中国沿岸地方と台湾で広く民間信仰されている女神「媽《ま》祖《そ》」のご神体が1月24日、総本山のある福建省・湄洲島《びしゅうとう》からマカオ経由で初めて台湾に運ばれ、「100日間の台湾巡幸」を行った。台湾信徒の熱狂的な歓迎を受け、各地で計500万人の参拝を受けた。台湾側の勧請を受け、中国政府が台湾に対する統一戦線工作に有効と判断して実現したものだ。「台湾教授協会」など独立志向の強い台湾の団体が「中国共産党の思惑」に抗議した。

◆中国天主教司教団と中国天主教愛国会の主席を務める宗《そう》

懐徳《かいとく》司教が6月27日、北京で死去、享年80。1950年代初めの「反帝愛国運動」に参加した。ローマ法王の承認を得ずに中国が独自に選出した「自選自聖」司教の草分けの一人。

◆中国道教協会の会長で、道教全真派の第23代「伝戒大律師」傅元天《ふげんてん》が7月3日、四川省で死去、享年73。「香港や台湾の道教界と交流を深め、祖国統一の実現に向けて尽力した」(7月8日付『人民日報』)。

◆チベット仏教界の指導者として共産党政府が認定した幼いパンチェン・ラマ11世が、北京の蔵語系高級仏教学院で8月30日、建院10周年記念法要を執り行った。亡命中のダライ・ラマ14世の影響力を削ぎ、親中国的指導者を養成する試みは着々と進んでいる。

◆民族独立運動が激しい新疆《しんきょう》ウイグル自治区では、反体制イスラム教の取り締まりが強化されている。イリ地区では133カ所の地下モスクと当局に登録されていない宗教学校105カ所が摘発された。

1998

「宗教の自由」が米中の争点に

中国に「宗教の自由」があるのか。米国は、この問題を民主化運動抑圧に続く中国の人権問題の重要な課題と位置付け、中国政府に改善を迫るようになった。中国側も人権問題が両国関係を再びこじらせることのないよう、1998年6月のクリントン訪中を成功させるべく様々な手を打った。

同年2月10日、米国の宗教指導者3人を初めて中国に招いた。前年、訪米した江沢民主席が、「両国の対立の多くは、相互理解の不足から生じている。中国の実情を米国の民衆に伝えてもらいたい」と招待したものだ。ユダヤ教のアーサー・シュナイアー師らは、拘束中の宗教指導者30人の名簿を渡して調査を求めた。3週間にわたる中国訪問中、チベットでは刑務所を訪れ、服役者の6人に1人がチベット仏教の僧侶であることを知る。言葉を交わすことのできた尼僧から拷問と人権侵害を訴えられ、刑務所に問いただしたところ、「作り話」と一蹴された。

一方、政府の宗教政策責任者である葉小文《ようしょうぶん》国家宗教事務局長は、1月29日から2月13日まで渡米して米国の世論を肌で探った。というのも、前年の江沢民訪米で友好ムードはかつてなく高まったはずなのに、江主席の帰国4日後に米下院は、宗教迫害に関与している中国公務員の入国を禁じる法案を賛成366票、反対54票の圧倒的多数で可決し、中国を困惑させたからだ。

葉局長は、正副大統領夫妻ら2000人が参加する全米祈祷朝食会にも出席した。ワシントンでは17人の上、下院議員と会い、「有権者や宗教団体の圧力を無視できない」と聞かされた。「米国は『世界の警察官』だけでなく、『世界の牧師』になろうとしている」と痛感した。

1998年6月28日、訪中したクリントン大統領は北京の崇文門教会の礼拝に参列し、スピーチを行った／『中国宗教』1998年秋季号より

5月21日、中国社会科学院に「キリスト教研究センター」が新設された。「海外が中国の宗教政策を理解するための新たな窓口」として対外宣伝工作の役割を担う。卓新平《たくしんへい》所長は、「米国は世界のあらゆることに関心を示し、中国の宗教についてもそうだが、どれだけ実情を知ってのことか」と疑問を投げかける。

訪中したクリントン大統領は6月28日、北京で崇文門教会の日曜礼拝に参加した。選ばれた地元の信者とともに賛美歌を歌い、「我々の信仰は世界中の異なる民族、異なる信条をもつ人々との連帯を呼び掛けている」とスピーチした。全米に放映され、中国の「信仰の自由」ぶりを米国民にアッピールして見せた。

しかし、中国当局は大統領が滞在中、「要注意人物」の賈治国司教らを大統領一行に接触させまいと拘束していたことが、バチカンのFIDES通信社によって暴かれた。同通信社は天安門事件9周年の6月4日にホームページ「信仰」の中国語版を始め、中国の宗教弾圧に目を光らせている。

プロテスタント系の未公認組織である通称「家の教会」への抑圧も各地で続いている。香港の「中国人権民主化運動情報センター」によると、最近では99年1月、河南省方城県で集会中の45人が逮捕された。宗教活動は当局が認定した宗教活動場所でしか許されておらず、民家に集う無届の「家の教会」は摘発の対象だ。逮捕者が払う保釈金目当てに摘発する地方公安当局も少なくない。こうした情報が国外に流れるようになり、米国での抗議行動を活発化させている。

台湾に「仏歯舎利」安置

中国と台湾の関係も、宗教が微妙な影を落とす。2月、台湾の単国璽《たんこくじ》総司教がローマカトリックの最高幹部である枢機卿に任命された。中国との関係改善に積極姿勢を示すヨハネ・パウロ2世から軽んじられていると感じていた台湾の教徒を喜ばせた。単枢機卿は、「中国政府はバチカンの司教任命権を内政干渉と拒否する。ローマと北京の関係改善の障害は、台湾ではない」と語る。

4月には、お釈迦様の歯「仏歯舎利」が、バンコックから台湾に迎えられ、蕭万長《しょうばんちょう》行政院長（首相）ら政府要人が国賓並に空港に出迎えた。チベットから85年、インドに亡命した僧侶が守護していたといわれるものだが、中国仏教協会は直ちに、「ブッダは2本の歯を人の世に残された。現在、北京とスリランカにある。チベットにあったという話は聞いたこともない」と反論、偽物と決めつけた。

9月、米国籍の台湾人伝道師が「一貫道」を布教したことを理由に国外追放処分を受けた。一貫道は19世紀末に山東省で興った新興宗教で、国民党に協力したことから反革命団体とされた。伝道師は上海市内に布教拠点を置き、中国人幹部を養成していた。一方、台湾では連戦・副総統が11月に開かれた一貫道の集会に出席し、中国に対抗するかのように「世界各地に75支部をもつ発展ぶり」を称えた。

バチカンが2人の司教を招待

バチカンで4月18日から始まった恒例の「アジア司教会議」に、中国から2人の司教の出席を求めていたことがわかった。開会式のあいさつでヨハネ・パウロ2世が自ら明かした。法王の中国に寄せる関心の高さを示したものだった。

招請されたのは、四川省万県教区の段蔭明《だんいんめい》司教（92）と徐之玄《じょしげん》協働司教（82）。万県教区は中国でも歴史のある有力な教区のひとつとして知られ、段司教はローマ法王に任命されているだけでなく、中国当局の承認も受けている司教だ。

しかし、中国当局は国交のないバチカンへの出国を認めず、ビザを発給しなかったため、参加がかなわなかった。中国天主教愛国会の傅鉄山《ふてつざん》司教は、「我々はローマ法王からの招請状を受け取っていない」と弁明した。

バチカンが中国語ホームページ

バチカンの通信社FIDESは、英、仏語などで流しているインターネットのホームペムジ「信仰」の中国語版を、天安門事件9周年の98年6月4日から始めた。「歴史的な意義をもつ日に、バチカンとして初の中国語による媒体を出すことになった。中国の人々に法王や各国の動きを知ってもらいたい」としている。

「信仰」は毎週、各地の動きを伝える。中国の宗教弾圧情報は詳細だ。クリントン訪中の直後には、「中国駐在の『信仰』通信員が確認したところによれば」として、「河北省の賈治国《かじこく》司教（63）は大統領滞在中、警察により拘束されていた」（7月3日付）と流した。賈司教は当局の公認を受けていない「地下教会」のリーダーの一人で障害をもつ孤児ら100人を収容する孤児院を運営し、信望を集めている。

8月21/28日の続報は、「約2カ月ぶりに釈放されたが、公安当局は攻撃の矛先を孤児院に向け、活動停止に追い込んだ」と報道。「8月3日に釈放された江西省の廖海青《りょうかいせい》神父が4日後、ミサに参加したことから再び逮捕された」ことも伝えている。

中国では一部の選ばれた神職者にしかバチカンの動向が伝えられない。「信仰」は直接、多数の教徒に情報伝達する手段になった。法王の説教が中国語訳で読めるので多数のアクセスがある。↗

その他の動き

◆チベット仏教の指導者、パンチェン・ラマ10世の「生まれ変わり」とダライラマに認定されたニマ少年の行方について、全国政治協商会議のガワン・ジグメ副主席は3月、香港紙『サウス・チャイナ・モーニング・ポスト』の取材に対して、「甘粛

↘「我が国には信仰の自由がある」と海外宣伝に腐心する当局にとって頭痛の種だが、台湾と国交をもつバチカンとの関係改善を優先する戦略から、「内政干渉」と不快感を示しながらも目下のところ放任している。

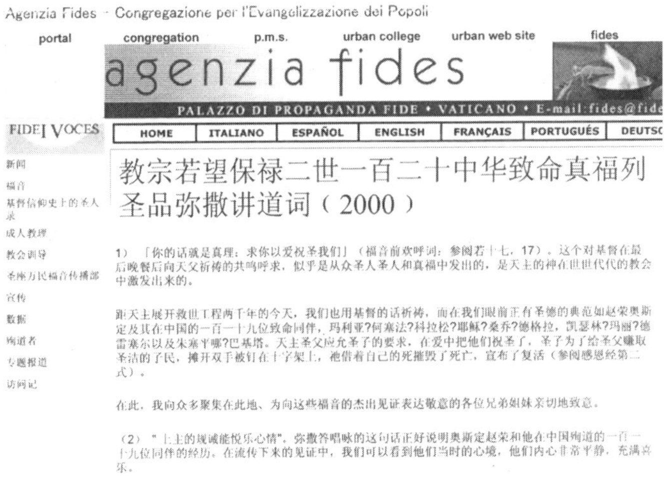

FIDESのホームページ「信仰」の中国語サイト。紹介されているのは中国で殉教した120人の「列聖式」におけるヨハネ・パウロ2世のミサの言葉

省で学習しているようだ」と語った。中国が別の少年を認定したことから、ニマ少年の身の上が案じられている。

◆中国道教協会は8月の第6回総会で、空席だった会長に閔《びん》智亭《ちてい》を選出した。葉《よう》国家宗教事務局長は、台湾でも道教が盛んなことを念頭に、「祖国の統一に役立つように。くれぐれも敵対勢力の浸透に乗ってはならない」とあいさつ。

◆中国イスラム協会の安士偉《あんしい》会長が7月14日死去。

「主神教」の摘発ルポを掲載する『中国宗教』1999年春季号。「主犯」の教祖、劉家国の顔写真も掲載

◆「神の国」の建設を説く新興宗教「主神教」が6月に摘発された。教祖の劉家国《りゅうかこく》(34)は、安徽省の農民、呉揚明《ごようめい》が「被立王」を自称して始めた新興宗教の大幹部だったが、独立して別派を起こし、自らを「主神」と称した。1995年に呉が死刑になると、「主神教」は急速に発展し、96年には全国組織の旗揚げを行い、「人の国を打ち倒して神の国を建設しなければならない」と主張。「1999年に世界は

終末を迎える」と説いて、プロテスタント信者に浸透を図っていたとされる。摘発の直前には、湖南省など中国南部を中心に全国23の省・市に約1万人の信者を擁していた。

◆上海市は12月31日、「上海市宗教印刷品管理規則」を公布した。市当局が、各宗教団体の印刷・発行する印刷物の許認可を握り、すべて管理下に置くものだ。「国家の統一と安全を脅かす」「民族の団結を破壊し、分裂を煽る」「迷信や暴力、わいせつを煽る」「信仰を持つ者と持たない者の論争をけしかける」内容の印刷物の出版を禁止し（第13条）、「香港、マカオ、台湾から贈答される印刷物は、市宗教部門に申請し、許可をえなければならない」（第17条）とした。海外との交流が盛んな国際都市・上海が「違法な宗教活動の窓口になっている」との反省から、制定されたとみられる。

1999

カルマパ17世が亡命

チベット仏教の四大宗派のひとつ、カギュー派の最高位の活仏であるカルマパ17世（14）が1999年暮にチベット自治区ラサを脱出し、数人のお供だけで極寒のヒマラヤを越えてチベット亡命政府があるインドのダラムサラに身を寄せた（2000年1月7日に明らかになった）。

亡命の動機についてダライ・ラマ14世は、「中国では宗教上の勉強や修行が十分できなかったため。(中国政府が宗教に寛容だという) 表面上の態度とは反対に、チベットでは宗教の自由が抑圧されている」と語る。カギュー派に限らず、「生まれ変わり」と認定された少年活仏が必要な経典を学ぼうとしても、指導できる高僧たちはすでに海外に亡命しており、チベットにいては修行もままならない現実がある。亡命した高僧らはインドを拠点に欧米各国に信徒を広げ、積極的な仏教活動を展開しているケースも珍しくない。カギュー派の最高位の活仏としての使命を自覚するカルマパ17世も同派の国際的なネットワークの協力を得て、教師役のいるインドに亡命する決断を下した可能性が高い。米国の同派組織は、「何度も出国の許可を求めたが、中国当局から一貫して拒否されていた」と説明している。

しかし、中国政府は、カルマパ17世が居住していたツルプ寺に「過去のカルマパが使用した仏法用の楽器と黒い帽子を手に入れるため。国家や民族、指導者を裏切るものではない」との置き手紙があったとし、亡命ではないと主張している。

カルマパはチベット仏教界の指導者としては第3位の高位。年間2000人以上がインドに亡命してくるが、これだけ高位の活仏は、ダライ・ラマ14世が59年に亡命して以来のこと。しかも、カルマパ17世は中国政府にとって、92年に初めて「転生 (生まれ変わり)」を認めた活仏である。ダライ・ラマ側も認

カルマパ17世（右端）は亡命の1年前の1999年1月27日、北京の人民大会堂で李瑞環・全国政治協商会議主席の接見を受けた。中国政府はチベット仏教のニューリーダーとして大いに期待していた／『中国宗教』1999年夏季号より

定し、双方の認証を受けたただひとりの活仏だ。それだけに、中国の宗教政策を宣伝する「広告塔」として重視し、活用してきた。国慶節45周年の94年には江沢民主席が接見した。99年1月に北京で開かれた故パンチェン・ラマ10世の死去10周年追悼大会では、李瑞環《りずいかん》全国政協主席が接見し、「カルマパの成長は、チベット仏教とチベット族信徒にとって大切なことだ。チベットの安定と繁栄に大きな影響を及ぼす」とその存在意義を強調。カルマパ17世に「わたしは必ず江沢民主席の教えを守り、しっかり勉強し、国を愛し、教えを愛し、チベットの繁栄、民族の団結と発展に貢献します」と言わせた。それだけに今回の

亡命は大打撃で、表面上は帰国を静かに待つ姿勢を示す。

続くダライ・ラマとの闘い

中国政府と亡命中のダライ・ラマ14世との対話は前進していない。99年6月28日、チベット自治区のニマツレン副主席はラサを訪れた日本人記者団に対し、対話開始の政治的条件として①チベット独立の放棄②チベット分裂活動の停止③中国政府の合法性の確認④台湾が中国の一省であることの承認、の4点をあげた。自治区側は、早くもダライ・ラマ14世の死去と次の「転生活仏」探しを視野に入れはじめた。64歳の誕生日の99年7月6日に、「わたしが生まれ変わる場所は中国が支配するチベット以外だ」と表明したことに危機感を強め、いずれはやってくる死去に備え、中国政府の主導で影響力の及ぶ中国国内で見つける構えだ。パンチェン・ラマ11世同様、亡命政府と中国政府が別々の子供を認定する可能性が憂慮される。

中国政府認定のパンチェン・ラマ11世（ノルブ少年）は、99年6月に初めてラサ入りして各種法要を主催、さらに歴代パンチェン・ラマが座主を務めるシガツェのタシルンポ寺を訪れた。同寺の法会では、僧侶らに「江沢民主席の『護国利民』の教えを守り、国を愛する活仏になる」と決意表明し、恒例の大タンカ（仏教画）のご開帳にも立ち会った。当局は後継者として既成事実づくりを急ぐ。一方、ダライ・ラマ14世が認定した11世（ニマ少年）の行方はいまも不明で、米政府の面会要請も拒否された。西側人権団体は10歳になった「世界最年少の政治犯」の安否に懸念を表明する。

バチカンとの関係

水面下で続いてきた中国とバチカン（ローマ法王庁）の国交正常化を巡る動きが浮上してきた。99年2月、バチカンのナンバー2、ソダーノ国務長官がダレーマ伊首相に、「台北の大使館を北京に移してもいいころだ」と語ったという話が流れた。3月の江沢民主席のイタリア訪問に向けたバチカンのサインとみられる。ローマ法王ヨハネ・パウロ2世は12月、キリスト生誕2000年を祝う大聖年に当たり中国のカトリック教徒向けのメッセージを発表した。その中で、ローマ法王に忠誠を尽くす教徒たち（「地下教会」）が当局側の教会組織と「統合を願っていると聞き、大変喜んでいる」「このような団結こそ、あなたがたの同胞への有効な貢献となる」と語り、かなり踏み込んで大同団結を呼びかけた。12月20日のマカオ返還式典にバチカン代表団が列席したことも、香港返還には参加できなかったことから、関係改善の証として注目される。

しかし、進展に逆行する動きも起きた。2000年1月6日、中国政府公認のカトリック組織、中国天主教司教団が司教1人と4人の協働司教の任命式典を行った。バチカンの新司教任命と同じ日にわざとぶつけたもので、ローマ法王による司教任命権を「内政干渉」と拒否する中国の立場を改めて誇示したものだ。

法王庁のナバロ報道官は、「二国間の関係改善に向けて期待が高まる中、こうした決定がなされることに、驚きと失望を禁じ得ない」と不快感を示した。だが、ヨハネ・パウロ2世は、自分の在任中に、最後の社会主義大国に住む400万人カトリック（最近は1000万人説も）教徒の幸福を図るために中国との関係正常化を実現する決意といわれる。

台湾から媽祖信仰の総本山への「宗教直行便」

中国福建省の海上沖合に浮かぶ湄洲島《びしゅうとう》は、媽祖《まそ》信仰の総本山だ。その本山に台湾から客船で直接参拝しようという「宗教直航」の動きが具体化しはじめた。台湾政府は、航空機や船舶の大陸直航を禁じている。このため、参拝は不便にも、香港経由の大回りを強いられている。2200万台湾人の半数が信仰する媽祖だけに、台湾海峡を隔てて本山と向き合う台中県の媽祖廟「大甲鎮瀾宮」の信徒団体が1999年7月、例外として直航を認めるよう、台湾当局に申請した。「船の直航なら半日足らずですむ」という。当局は2000年初め、「外国籍船を利用し、日本の石垣島など第三地を経由する」ことを条件に、折衷案として「準」直航方式を認可した。早ければ2000年夏にも実現する可能性が出てきた。

媽祖は10世紀にさかのぼる海上安全の女神で、台湾には移民たちが持参する「分霊」の神像とともに移ってきた。しだいに家内安全や商売繁盛の神様となり、いまでは一、二を争う人気だ。中台緊張の時代には本山参拝など考えられもしなかったが、87年11月に大陸訪問が解禁されると、参拝者が急増し、いまでは毎年10万人が訪れる。媽祖信仰には、分霊の里帰りが必要という考えがあるためだ。祖国統一のために統一戦線工作を強化したい中国政府にとって、民族のルーツを台湾人に確認させる格好の信仰であり、↗

その他の動き

◆5月23日、西安の市中心部にあるキリスト教の教会堂で、市当局の取り壊し計画に反対して立てこもる信徒約500人を警察が強制排除しようとする騒ぎが起きた。日曜日の礼拝に2000人もの信徒が集まることから、市当局は地元のキリスト

↘精神的に大陸につなぎ止める「貴重な道具」といえる。李登輝《りとうき》総統の中国と台湾は別の国とする「二国論」の挑戦を受けるだけに、「ぜひ統一に役立ってもらいたい」(国家宗教事務局)と、半分本気で神頼みする。

媽祖の信者でにぎわう台湾・台中の大甲鎮瀾宮／1999年4月17日、清水勝彦撮影

教団体を通じて敷地の売却、郊外への移転話を進めていた。

◆ 5月、中国からブッダの聖なる歯とされる「仏歯舎利」が香港に運ばれ、7日間にわたり香港仏教徒の参拝を受けた。返還された香港の民心を掌握する統一戦線工作の一環だ。

◆ 6月、「カルト集団」と断罪された新興宗教「主神教」の教祖、劉《りゅう》家《か》国《こく》に死刑判決。

◆米国は10月、中国とミャンマー、イランなどを「宗教迫害国」に指定。中国に「信仰の自由」の実現を迫った。

2000

大詰め迎えたバチカンとの関係正常化

2000年、中国とバチカン（ローマ法王庁）は互いに、関係正常化に向けた「地ならし」を行った。中国側は、ローマ法王の権限に属する司教任命権を拒否する姿勢を崩さず、バチカンで司教の任命が行われた1月6日、政府公認団体の中国天主教司教団は張り合うように北京の宣武門教会で司教1人と協働司教4人の任命式典を行った。「宗教団体、宗教事務は外国勢力の支配を受けない」と憲法第36条で明記しており、妥協の余地がないことを強調した。

「地下教会」の弾圧と愛国会への転向工作も強化した。楊樹《ようじゅ》道《どう》福州教区総司教の逮捕（2月10日）、聖書を印刷した浙江省の姜淑譲《きょうしゅくじょう》神父に懲役6年の実刑判決（5月25日）、河北省の姜《きょう》明遠《めいえん》協働司教を連行（8月26日）、江西省の曽景牧《そうけいぼく》司教ら3人を逮捕（9月14日）など、弾圧の嵐が吹き荒れた。

また、摘発強化の法整備を進め、外国人宗教活動規定（1994年制定）の実施細則を公布し（9月26日）、外国人の布教活動と中国の宗教団体への影響力行使を禁じた。党統一戦線工作部の王兆国《おうちょうこく》部長は、中国天主教反帝愛国運動50周年記念大会（11月29日）で、「独立・自主・自営の教会こそ、我が国の（帝国主義列強の侵略と植民地支配を受けた）歴史に基づく正しい選択である」と語った。

中国天主教の「反帝愛国運動」50年の歩みを写真で回顧した『中国宗教』2001年第1号

一方、法王庁は6月、中国の信徒に「団結、融合、合一」が主要任務と呼びかけた。ヨハネ・パウロ2世が99年末に発表した「団結を求める」特別メッセージをさらに具体化したもので、「地下教会」「愛国会」といった対立する定義は「すでに不適切で、2つの教会の間に明確な違いはない」と言い切った。1月6日の一方的な司教任命を遺憾としつつも、任命された司教には法王と融合する姿勢が見て取れると理解を示した。これは、5人の司教が任命後、極秘裏に法王側と連絡を取り、法王の事後承認を求め、法王が許可したことを示唆したものだ。

双方の水面下の交渉も公然化し、エチェガレイ枢機卿が9月14日に北京で開かれたシンポジウム「宗教と平和」に出席する名目で訪中した。いずれ断交する台湾と各国世論に、「正常化間近し」のサインを送ったものだ。

ヨハネ・パウロ2世は、かねて懸案だった中国で殉教した120人の列聖式を10月1日に行い、19世紀末の義和団事件の犠牲者を中心に宣教師33人と中国人信徒ら87人を聖人とした。中国人が聖人に列せられたのは初めて。中国外務省は列聖式の当日、抗議声明を発表し、「外国人宣教師は植民地主義、帝国主義の中国侵略に直接かかわった者であり、中国人民に許すことのできない犯罪を行った。(こうした犯罪者を) 聖人に列するのは、植民地主義と帝国主義による中国侵略の歴史を改ざんするものだ。バチカンは口先では中国との関係改善を言いながら、実際行動では一度ならず中国の内政に干渉し、関係正常化の基礎を破壊している」「中国政府と人民、中国天主教教会は極めて強い憤りと抗議を表明する」と非難した。中国側は、列聖式が中国の国慶節に行われたことも不快だったようだ。中国が「歴史の改竄《かいざん》」と反発する懸案事項を新しい千年紀に持ち越さない配慮だったとみられる。

司教任命問題で注目されるのは、5月7日に行われた山東省陽谷教区の趙鳳昌《ちょうほうしょう》司教(66)の就任式典だ。法王の同意を得たと公表し、地元役人も参列する、画期的な就任となった。法王と中国側の「二重承認」を公然と表明した、恐らく初めてのケースであり、中国政府と法王側の間で何らかの妥協が成立した可能性をうかがわせた。

こうした「融合」の背景には、法王庁の影響力低下を象徴する世代交代の進行がある。「地下教会」の象徴だった龔品梅枢機卿が3月、98歳で治療先の米国で死去した。49年6月に当時のピオ12世が自ら任命した中国人司教29人のうち、最後の生存者だった四川省万県教区の段蔭明司教も2001年1月、92歳で亡くなった。

足踏み続くチベット仏教との和解

ダライ・ラマは2月18日、インドのダラムサラで即位60周年式典を行った。1月初めに中国から脱出してきたカギュー派のカルマパ17世も参列した。65歳となるダライ・ラマは自らの後継者について、「私が死んだとき、チベット民衆の多数がダライ・ラマ（という存在）はもう不要だと考えたら自動的になくなる」「時が来て、宗教指導者であろうとなかろうと誰かが民衆の尊敬を得られたら、私の後継者になるだろう」との考えを明らかにした。

カルマパ17世の亡命理由はいまだ不明だが、本人はチベット暦旧正月の説法で、「ダライ・ラマの指導の下ですべてのチベット人が自由を獲得できるよう望む」と語り、中国の宗教政策に不満を隠さなかった。中国は、「ダライ・ラマ陰謀説」を採る。

6月には全国政治協商会議常務委員のアギャ中国仏教協会副会長（49）が解任された。ゲルク派大本山のタール寺管長で、98年に渡米したまま帰国せず、「政府公認のパンチェン・ラマの認知を強要された」と政府批判を強めていた。その政府公認のパンチェン・ラマ11世（ノルブ少年）は2月2日、王兆国党統一戦線工作部長と会い、「祖国の大家庭の温もりと共産党の民族宗教政策の正しさを深く感じる」と語り、その肉声がテレビで流された。政府のパンチェン・ラマ囲い込み工作が進む。一方、ダライ・ラマが認定して「世界で最年少の政治犯」になったニマ少年（10）は、「普通の小学生として幸福に暮らしている」（ラディ・チベット自治区党副書記の3月9日発言）とされる。パンチェン・ラマとして必要な宗教教育を施さずに、事実上の「抹殺」が図られているわけだ。

愛国的な宗教指導者の育成を目指す政府は、歴代ダライ・ラマの摂政役を務めたレティン6世の「生まれ変わり」の認定を行った（1月16日）。だが、ダライ・ラマ側は認めていない。

法輪功との戦いは長期化の様相

政府は99年7月、気功集団の法輪功に「邪教」「カルト集団」のレッテルを貼って非合法化し、国家権力を総動員して根絶を目指す。中南海包囲座り込み事件1周年(4月25日)に政府が「メンバー200万人のうち98%が組織を離脱した」と勝利宣言を行ったにもかかわらず、世界の耳目が集まる天安門広場に法輪功メンバーが波状的に現れ、不当弾圧に抗議し続けている。メンバーは各地で、取り締まりの目を盗んでビラを配布し、繁華街にスピーカーを設置したり、風船や伝書バトを利用するなど、素手で非暴力の戦いを挑んでいる。刑事罰を受けた幹部は242人にのぼる。政府は、法輪功が中国転覆を狙う「西側」勢力の道具となり、チベット独立運動や民主化運動と結託していると非難する。

その他の動き

◆中国仏教協会の趙樸初会長が5月21日死去。趙会長は中韓日による「3カ国仏教交流会議」の実現に尽力するなど、仏教を通じた民間外交を展開した。とりわけ日本との友好交流に力を注ぎ、「中日友好の民間大使」といわれた。

◆「邪教」とされた中華養生益智功（中功）の創始者、張宏《ちょうこう》堡《ほ》師が中国を脱出、グアムで米政府に亡命申請（7月）。

◆8月23日、河南省西華県でキリスト教系の中国方城教会を「邪教」として摘発、米国籍台湾人3人を含む130人を連行。

◆5大公認宗教団体のトップからなる代表団が8月28日から

回族と漢族の文化摩擦

イスラム系少数民族である回族と漢族の文化摩擦が、再び流血の事態を招いた。2000年9月、山東省陽信県で、漢族の食肉店が「回教徒用豚肉」の張り紙を出したのが発端だった。回族はイスラムの教えで豚肉を食べない。明らかに回族に対する侮蔑行為だった。抗議した回族3人が逮捕され、抗議行動は周辺に広がった。11月には警察と回族の衝突が3回も起きた。12月9日、モスク（清真寺）にブタの頭が吊るされ、漢族側の挑発もエスカレートし↗

本期专题

面对伤害穆斯林宗教感情事件的思考

【编者按】随着我国新闻出版事业的发展繁荣，大众传播媒体介绍和反映宗教的内容日益增多，其中绝大多数是健康的，对于宣传宗教信仰自由政策，弘扬优秀传统文化起到了积极作用。同时，我们看到，由于种种原因，也不时出现一些不尊重宗教以至伤害宗教界和信教群众感情的事件，有的还十分严重，引起了信教群众的强烈不满，影响了社会稳定和民族团结。杜绝此类问题发生是当务之急。同时，对出现的问题，有关部门要按照国家政策、法律，公正处理；宗教界和信教群众也应保持冷静和克制，正确对待。在此，我们就如何面对伤害穆斯林宗教感情的事件，邀请有关方面学者、宗教界人士和主管部门负责同志谈一谈他们的看法，相信有助于今后此类问题的妥善解决。

提倡宽容　正确对待　依法处理

马云福（中国伊斯兰教协会副会长）

取得研究成果最多的时期，这对于宣传党的宗教政策，引导人民群众认识了解伊斯兰教，促进各民族、各

读者，对伊斯兰教有关信仰、规定，猜测臆断，导致冒犯了伊斯兰教，一些人唯利是图，将境外出版流传的

国連本部で開催のミレニアム世界平和サミットに参加。ダライ・ラマ14世は中国の妨害で出席できず。

◆ネット情報サービス管理規則が9月25日施行され「邪教や迷信」の宣伝も規制対象とされた。

↘た。同月13日、隣接する河北省孟村回族自治県から300人が駆けつけ、警察隊100人が阻止しようと発砲、6人が死亡、40人が負傷する惨事となった。政府は年末、地元政府と公安のトップを免職し、対応の誤りを認めた。860万人の回族は、13世紀のモンゴル帝国の征服で中央アジアから中国に強制移住させられたイスラム教徒を祖とする。母語のペルシヤ、アラビア、トルコ系言語を失い、「中国語を話すイスラム（回）教徒」となった。最も広範に漢民族と混住しているのが特徴だ。

1993年には四川美術出版社が、回教徒がブタに向かって祈る漫画を出版し、回族が中央政府に集団直訴する寸前までいった。回教徒の宗教的な禁忌を巡る摩擦は、中国政府が抱える古くて新しい爆弾ともいえよう。

←ムスリムの宗教的感情を刺激する事件の多発に警告を発する『中国宗教』1999年秋季号の特集記事
→回族が集まる北京の「牛街」を取り上げ、ムスリムの宗教生活を紹介する『中国宗教』2002年第４号

2001

米国同時多発テロの衝撃

「9・11」米国同時多発テロは、中国政府にも強い衝撃を与えた。国家宗教事務局の葉小文局長は、国家の危機管理上の観点から「反中国勢力は中国の宗教問題を利用し、『宗教の自由』擁護を旗印に、民族分裂と宗教的熱狂を煽り、社会動乱を作り出し、体制の変質と国家解体を目論んでいる」と警戒を呼びかけ、「宗教が社会秩序の維持と現秩序の破壊という正反対のベクトルの力を併せ持つ」以上、宗教を体制に都合良く飼いならし、現政権の維持に役立たせるべきだと訴えている。

邪教取締まりの真相

邪教（カルト）狩りの嵐が吹き荒れている。ブッシュ米大統領が深い懸念を示したケースが、2001年12月10日に福建省福清市で起訴された「呼喊派《こかん》」聖書持ち込み事件だ。香港の貿易商がキリスト教系の「呼喊派」が使う新約聖書3万3000冊を同市内に持ち込み、地元の信徒2人と共に逮捕された。検察は「密輸入した新約聖書は邪教呼喊派の刊行物」と決めつけ、被告3人に有罪判決が下された。

湖北省では12月、キリスト教系の「華南教会」の男女2人に死刑判決が下された。この裁判の過程で、公安省が邪教指定団体のマル秘リストを作成していることが判明した。政府はリストを公表していないが、香港の人権団体「中国人権民主化運動情報セン↗

テロ事件後の緊張が続くなかで開催された党中央と国務院共催の全国宗教工作会議（2001年12月10～12日）は、江沢民国家主席ら党中央常務委員7人全員が出席する、かつてない会議となった。江主席は、「宗教は常に現実の国際紛争とかかわっており」「複雑な国内外情勢の下、宗教問題は特殊かつ複雑なものとなる」と語り、「宗教対策をうまくやれば、民族の団結を強化させ、社会の安定、国家の安全と祖国の統一を維持できる」と宗教対策の重要性を指摘した。

政府とイスラム過激派の「民衆」争奪戦

ウイグル人の独立闘争を抱える新疆ウイグル自治区では、01年3月からモスク管理者8000人を対象とする「イスラム教愛

↘ター」によると、キリスト教系だけでも16団体（信徒計500万人）が指定され、穏健な「中国方城教会」「中華福音団契」まで含まれている。他宗教では、西安の仏教団体「観音法門」や内モンゴル自治区の「門徒会」の摘発が伝えられている。

取締まりは「法輪功」の壊滅作戦が足踏みするなか、さらに強化された。反邪教法を創設し（99年10月）、刑法300条の新解釈で「邪教を組織・利用して法律執行を損なう罪」（邪教罪）の適用を容易にした。政府は邪教を「宗教や気功などの名を騙って組織を作り、教祖を神秘化し、迷信邪説をねつ造・散布して人々を惑わし、信徒を支配して、社会に危害を及ぼす非合法組織」と定義する。だが宗教結社の自由がなく、やむなく未公認で活動している宗教団体を摘発する方便として、邪教罪が乱用されていると海外の人権団体は指摘している。

中国イスラム教教務指導委員会の発足を報じる『中国宗教』2006年第10号

国宗教人士育成班」が始められ、200人ずつ20日間の集中学習会が各地で開催された。学習の重点は、「イスラム教過激派が大量の邪説をまき散らし、ムスリム大衆、とりわけ若者たちがそれをイスラム教の基本信条だと誤解している」(イスマイル・アマット国務委員) 現状の「消毒」に置かれた。参加者らは、これまでの共産主義に対するジハード (聖戦) 意識や共産党員と握手するのは宗教的な「汚れ」だとする「誤った」意識を捨て去り、「西部大開発は資源の収奪だ」という「デマ」の真相を悟ったと報道された。

さらに政府はイスラム教の解釈権を握った。4月23日、国家宗教事務局の監督下にある中国イスラム教協会の中に「中国イスラム教教務指導委員会」を発足させ、中国初のイスラム教の権威ある教義解釈機関とした。共産党政権が推奨する教義解釈によると、イスラム教の基本精神はまず第1に、「愛国こそムスリムの素晴らしい伝統であり、愛国は信仰の一部である」とされた。こうした公認教義を大衆レベルに下ろすため、教務指導委員会は8月に『ワーイズ』(説教集) の新訂版を出版、配布した。説教集はモスクの礼拝日に宗教指導者のイマーム (導師) らが参会者に語りかける説教の「ネタ本」で、イマームの口を通じて政府支持のムスリムを育てる作戦だ。

チベット「解放」50周年の陰で

チベット自治区では胡錦濤《こきんとう》国家副主席が出席して7月19日、

ラサで「チベット解放50周年」慶祝大会が開かれた。チベット亡命政府が非難する「侵略」を、共産党政権は「解放」として祝うものだったが、中国政府がこの半世紀でチベット仏教徒であるチベット民衆の「こころ」までつかみ取ったかどうかは、また別の問題だろう。

自治区政府は6月、民衆が観音菩薩《かんのんぼさつ》の化身と崇めるダライ・ラマ14世の誕生日（7月6日）を祝う伝統行事トゥングラ・ヤスルを非合法活動として厳しく取り締まると回状を出した。00年の禁止令をさらに強化したものだ。14世の写真所持禁止令に続き、伝統行事まで封じ込めてその影響力を払拭しようと腐心するが、成功していない。

政府はとっくに14世の帰順工作を断念している。自治区のラディ党副書記は8月5日、香港メディア取材団に対して、「ダライ・ラマの死後、『生まれ変わり』の候補者が複数になれば、金瓶抽選で決め、最後は中央政府が批准する」と語った。「金瓶抽選」とは、候補者の名札を金製の瓶に入れ、その中から1人を決める一種のくじ引きだ。政府主導で15世を選定し、共産党政権の賛美者に仕立て上げることで、チベット問題の最終決着を図ろうという長期戦略である。

そのためにも、「生まれ変わり」の認定に宗教的な権威を与えるパンチェン・ラマ11世の存在が重要になる。ダライ・ラマとパンチェン・ラマは互いに生まれ変わっては、互いに師となり弟子となる関係と信じられているからだ。中国政府はこうした狙いから独自にパンチェン・ラマ11世（ノルブ少年）を擁立したわけだが、チベット民衆には不人気だ。2月には政府の肝いりで個人写真集を出版するなど、もり立てに苦心する。他方、ダライ・ラマに認定されたために、当局に隔離されてしまったパンチェン・ラマ11世（ニマ少年）の安否は依然、確認できない。「世界で最年少の政治囚」は12歳になった。

ローマ法王が「謝罪」メッセージ

中国とバチカンの和解に向けた環境作りが最終局面を迎えた。ヨハネ・パウロ2世は01年10月14日、ローマで開かれたイエズス会伝道師マテオ・リッチの「北京入り400周年記念」国際会議にメッセージを寄せ、「近代史のある段階で（布教に際して）欧州列強の『庇護』を受け、教会は中国人の（キリスト教に対する）イメージを損なった」と、中国侵略に加担した過去の過ちを率直に認め、「こうしたカトリック信徒の行為で傷ついたすべての人々に許しを乞い、お詫びしたい」と初めて公式

■マテオ・リッチ（1552～1610）

明の時代、中国で活躍したイタリア出身のカトリック（イエズス会）司祭。中国名は利瑪竇《りまとう》。布教のかたわらヨーロッパの最新技術を中国に伝えるとともに、ヨーロッパに中国文化を紹介した。彼が作成した中国語による世界地図『坤輿万国全図《こんよばんこくぜんず》』（1602年北京で刊行）は中国知識人の世界観に大きな影響を与えた。カトリックの教義を中国古代の聖賢の言葉をも援用しつつ解説・説得した『天主実義』は邦訳もある。

に謝罪した。

法王の謝罪を待っていた中国政府は、直ちに「メッセージを真剣に検討中」と評価した。法王が歴史的な謝罪をする場にマテオ・リッチの会議を選んだのは、明末の中国でキリスト教布教を成功させたこの伝道師が、科学知識を紹介するだけでなく、自ら中国語を学んで中国の伝統文化を尊重し、中国側から尊敬された人物で、融合の象徴としてふさわしかったからだ。

その他の動き

◆政府から「邪教」に指定された気功集団の法輪功は、国家権力を総動員した苛酷な弾圧を受けて「犠牲者334人」(01年末現在)を出しながらも、いまだに非暴力の抵抗を続けている。共産党政権の発足以来、一民間団体がここまで闘い続けるケースはなく、政府は権威失墜を恐れる。

◆2月、『当代中国宗教禁忌』(民族出版社)出版。各宗教のタブーを紹介している。イスラム教に対する漢民族の無理解と興味本位の嫌がらせが、漢民族と回族の間で何度も流血事件を引き起こし、政府の少数民族政策と宗教政策の欠陥を露呈した反省から、公民教育の必要性がより一層、迫られている。

◆6月13日、米司法省は、「邪教」に指定された「中功」の創始者、張宏堡《ちょうこうほ》の政治亡命を認める。

◆6月15日、北京大学の宗教学大学院生班の第1期生が卒業。

◆7月、各宗教学院で使用する政治教材『中国の特色を持った社会主義の理論』が完成。

◆ 8月1日、中国宗教学会の新会長に卓新平《たくしんぺい》が就任。

2002

ローマ法王と中国の「二重承認」司教

カトリック香港教区の陳日君《ちんにちくん》司教は02年6月末、朝日新聞『アエラ』に対して、「中国当局が認定した司教の3分の2はローマ法王の承認を受けている」と、これまで知られていなかった「二重承認」の実態を明らかにした。中国政府は、キリスト教が帝国主義列強の中国侵略の「道具」となった教訓から、バチカンと関係を絶ち、政府公認の中国天主教司教団が司教を任命してきた。ところが、改革開放で中国の司教も法王側と秘かに連絡が取れるようになり、法王に人事の承認を求め、法王が応じているという。「1989年にはすでに何人かいた。政府も薄々気づいているようだ」という。中国は歴史的和解の条件としてバチカンに対して、「台湾が中国の一部であると認める」「中国の宗教事務に干渉しない（つまり中国の司教任命権を認める）」の2点を求めている。だが、陳司教の指摘通りなら、人事権問題で残る課題は中国政府がどのように「二重承認」の現実を受け入れるか、にかかっているといえる。

バチカン系通信社は02年2月13日、投獄ないし軟禁中の

「地下教会」の司教や神父ら33人の名簿を公表した。96年に逮捕された河北省保定教区の蘇《そ》志《し》民《みん》司教らは法王に忠誠を誓い、中国天主教愛国会（当局がカトリックを監視・監督するために信徒を交えて作らせた愛国的大衆団体）に登録することを拒んで逮捕されたと法王側は主張する。だが、中国政府は地下教会の存在そのものを否定している。

北朝鮮の脱北者問題で、吉林省延辺朝鮮族自治州での韓国人牧師の支援活動が表面化した。牧師たちは80年代末から朝鮮族社会に入り込み、プロテスタント信徒が急増している。外国人の伝道活動を禁じる政府は、その一掃に乗り出した。

非公認のプロテスタント系新興教団「華南教会」は01年12月に龔《きょう》勝《しょう》亮《りょう》教祖ら幹部5人が邪教罪などで死刑判決を受けたが、再審に持ち込み、02年10月、邪教罪が適応されずに終身刑などに減軽する判決が出た。一切の新興教団を認めない政府は、穏健な「華南教会」すら邪教として抹殺を図ったが、ブッシュ米大統領始め国際社会の強い懸念を招いた。アムネスティは、「被告らは拷問によって得られた証言を基に有罪になった」と非難した。

コーランの「公認」解釈が重点工作に

「9・11」米国同時多発テロ後、中国政府は「国際テロ組織の一部」と断罪した東トルキスタン独立運動の影響力を排除しようと、新疆ウイグル自治区での宗教工作を強化した。宗教面での反テロ闘争の重点は、コーランに体制維持に役立つ「公認」解釈を加えて広め、ムスリム大衆の穏健化を図ることに置かれた。01年にモスク（清真寺）の礼拝で行われる説教のネタ本『ワーイズ』の新編版が出版されると、国家宗教事務局は12万冊を新疆ウイグル自治区に贈って普及を図った。

ウルムチで2001年8月14日に行われた『ワーイズ』新編版の贈呈式／『中国宗教』2001年第5号より

この新編『ワーイズ』は、反政府活動の宗教的な根拠になる「ジハード」（聖戦）の解釈を、「個人の私欲と闘う『大ジハード』が主要なもので、『小ジハード』は自衛戦争を意味するが、これは条件付きである」とした。02年1月、同自治区を視察した国家宗教事務局の葉小文《ようしようぶん》局長は、新編『ワーイズ』を積極的に活用するよう指示した。

さらにモスクで礼拝を執り行うイマームを体制側に獲得するために、出席を義務づけた愛国宗教人士養成学習会を開催した。年間8000人の再教育を終えた自治区党委員会は11月の総括大会で、「参加者は政治的自覚、宗教知識ともに高まった」と成果を謳った。ウイグル人幹部1人に1カ所のモスクを担当させる連帯責任制も強化された。

四川省でチベットの高僧に死刑判決

チベット仏教の最高指導者ダライ・ラマ14世は、1月にインドのボードガヤでカーラチャクラ・タントラの灌頂《かんちょう》を授ける予定だったが、胃病のために異例の中止となった。中国内でも14世の健康を案じる声が高まり、2月には四川省カンゼチベット族自治州で、禁止されている14世の写真を掲げた長寿祈願の大集会が開かれ、後に5人の逮捕者を出した。

割れる陳日君神父の評判

「香港の良心」か、「反逆者司教」か。2002年9月にカトリック香港教区の司教に昇任した陳日君の評判が極端に割れている。ネルソン・マンデラやアウンサン・スーチーを尊敬する陳司教は社会問題に積極的に発言し、香港の自治を脅かす香港基本法23条問題の反対デモにも加わった。法輪功の活動も支持する。

「私を『中国の敵』と思う人がいるが、カトリックの立場から自由と人権の問題に公平に発言すると政府批判になってしまう」と語る。中国政府の香港出先機関は毎年、宗教界トップを招くディナーを開くが、02年には陳司教だけが外される嫌がらせを受けた。

1932年上海生まれ。16歳の時、神父への道を目指して香港に。9年間のイタリア留学後、神学校で哲学と神学の教鞭を取り、89年から96年まで上海、武漢、瀋陽など中国各地で教えた。中国事情に詳しく、中国との歴史的和解を願う法王から篤い信任を受けている。香港の行方だけでなく、中国とバチカンの和解を探る際↗

同自治州ではまた、孤児院を開設するなど福祉事業に熱心で、地域住民の信望を集める高僧テンジン・デレク・リンポチェが4月、四川省における連続爆破事件の首謀者として逮捕され、12月に死刑判決（猶予2年）が下された。欧州議会は中国政府に裁判の見直しを要求した。リンポチェはインド留学中に14世から転生活仏と認定された。中国政府が9月に14世の特使を受け入れ、9年ぶりに対話が再開されて雪解けムードが強まったものの、締め付けの手を緩める意思のないことも歴然とした。

↘にも目を離せない人物である。だが、一度会えばわかるが、まったく権威ぶるところのない実に気さくな人柄だ。「返還前まで、香港の前途を楽観していたが」と朝日新聞アエラ誌の記者に問いただされると、ワハハと笑いながら、「そうだった。楽観的なことを言っていた」とあっさりと認め、「(当時はあまり気にとめなかった) 中国の言いなりになる文化がいま、香港を傷つけている」と嘆いた。

カトリック香港教区の陳日君司教／2002年6月、清水勝彦撮影

なお、四川省でチベット仏教の弾圧が目立つようになったのは、チベット文化圏の「カム地方」と呼ばれる同省で近年、当局が無視できないほど仏教活動が活発になっていたためだ。同省では故パンチェン・ラマ10世が生前に仏教振興のてこ入れをした成果が実を結び、カリスマ性のある宗教指導者が登場、チベット人だけでなく中国各地から漢民族の仏教徒まで集まるようになっていた。だが、そうした宗教指導者と亡命中のダライ・ラマの関係は浅く、地元当局もこれまで、チベット自治区のような厳しい監視・監督体制を敷くまでに至っていなかった。

「2人のパンチェン・ラマ」問題では、中国政府が擁立したパンチェン・ラマ11世（ノルブ少年）の既成事実化が進む。7月には数え年13歳の「本命年」を祝う行事が、シガツェにある歴代パンチェン・ラマの拠点タシルンポ寺で行われた。第16回共産党大会には貴賓の肩書で参列し、江沢民総書記の政治報告に拍手を送る姿が報道された。だが、敬虔なチベット民衆は、「茶番でつくられた偽者」としか見ていない。民衆はいまも亡き10世を慕っており、在米の「父親似」という10世の娘が夏にチベットを訪れると話題になった。一方、ダライ・ラマ認定のパンチェン・ラマ11世（ニマ少年）は相変わらず居場所も不明で、「世界で最年少の政治犯」の境遇が続く。チベット自治区党委員会のラディ副書記は11月、「他のチベットの子どもたちと一緒に学び、楽しく暮らしている」と紹介した。国外からの面会要求は拒否し続けている。

その他の動き

◆陝西省の法門寺が秘蔵する「仏指舎利」(仏陀の指の骨) が2月24日から1カ月あまり、統一戦線工作のために台湾に渡り、島内を巡行した。

◆日本人男性と結婚して新潟県に住む中国出身の法輪功メンバーの金子容子が5月24日、北京でビラを配布して拘束され、1年半の強制労働処分となる。

◆中国仏教協会は9月の総会で、空席の会長職に一誠《いつせい》法師を選出した。

◆米国の上下両院は10月2日、「中国に関する議会執行委員会」の初報告を発表。対テロ戦を口実にしたイスラム教徒への弾圧、多くのチベット僧を政治犯として投獄、法輪功に対する抑圧などを非難した。

◆11月8日からの第16回党大会で、「宗教工作は良く行われた」と総括、現行の政策を堅持すると確認した。

「仏指舎利」の台湾入りを特集した『中国宗教』2002年第2号は、中国と台湾は「同根」(ルーツを同じくする)と報じた

2003

SARSとの闘い

SARS（新型肺炎）が猛威をふるった2003年春、党と政府は宗教界に対して「SARSとの全国民的な闘い」に参加を求めた。中国仏教協会の一誠《いっせい》会長ら公認5大宗教の責任者を召集した「SARS予防工作座談会」が4月29日に開催され、党統一戦線工作部長の劉延東《りゅうえんとう》は、「各宗教団体は党と政府の求めに応じて信徒大衆を正しく導き、人心安定と社会秩序の維持に貢献して欲しい」と要請、宗教団体が信徒を通して人心不安を緩和させることを期待した。

この呼びかけに前後して、各団体が活動を展開した。4月中旬、中国イスラム教協会は全国の地方組織に宛てた公開書簡を発表し、「全国のムスリムは党と政府の政策を擁護し、SARSに打ち勝つよう最大の努力をせよ」と指示した。同協会は、北京の中国イスラム教経学院で学ぶ新疆ウイグル自治区出身の学生たちが動揺して帰郷を求めると、国家宗教事務局と連携して学生の説得に当たり、学生の移動による病気の拡散を防止する措置を取った。中国天主教愛国会も5月1日、2時間の特別ミサを捧げ、義援金を集めた。道教では、北京の著名な道観である白雲観が5月8日に「疫病退散」の祈祷を執り行うなど、各地で「祈福除災」の祈祷が行われた。中国仏教協会も全国の寺

『中国宗教』2003年第5号は、宗教各界の「SARSとの闘い」を特集した。写真は予防工作に従事する人々を慰問する南京の寺の住職

院に「SARS消滅」の読経を行うよう指示した。多くの信徒が集まる日曜礼拝がSARS蔓延のきっかけになることを懸念した中国基督教協会は全国の教会に対して、「暫時、宗教活動を中止せよ」と異例の指示を出した。

SARSへの取り組みは、同じくSARSの蔓延に苦しむ台湾に対する統一戦線工作にも利用された。7月10日、台湾の対岸のアモイの南普陀寺に中国と台湾の仏教徒が集まり、SARS降伏大法会が執り行われた。

進む「愛国ムスリム」化工作

中国イスラム教協会は2003年3月22日、中国政府に同調して、米英が起こしたイラク戦争に反対し停戦を呼びかける声明を出した。陳広元会長は同日、国内ムスリム向けの公開書簡を発表し、「社会の安定に不利益になる、衝動にかられた過激な行動を慎まなければならない」と自重を求めた。政府は5月26日、初の新疆白書「新疆の歴史と発展」を発表し、「信教の自由は尊重され、通常の宗教活動は法律の保護を受けている」と宣伝した。だが、アムネスティは、「反テロ戦争を口実にウイグル人の宗教、文化、基本的自由が抑圧され」「モスクの閉鎖、ウイグル語の使用制限が行われ」「数千人のウイグル人が逮捕、拘禁されている」と告発する。

ムスリムを党と政府に従順な愛国者に導き、イスラム原理主義の土壌を断つ宗教工作が着々と進んでいる。イスラム教協会は9月9日、ウルムチで「新編ワーイズ」第2集を12万冊贈呈する式典を行った。『ワーイズ』はモスクでイマームが行う説教のタネ本で、11編の模範説教を納めた第2集では「ハラーム」(禁止事項)の濫用を戒め、「政府が発行する結婚証明書はハラーム」「政府から給料をもらっているイマームはハラーム」といった考え方はいけないとされた。2年前に出された第1集では、ジハード(聖戦)の「正しい」解釈を示してみせた。

回良玉副首相は10月15日のイスラム教協会成立50周年祝賀大会で、「新疆では民族分裂分子が教えを歪曲し、大衆を扇動してテロ活動を行った。国外勢力もイスラム教を利用して浸透を図り、祖国分裂を試みた」が、「コーランの解釈工作を進め、新編ワーイズの普及に力を入れた結果、東トルキスタン・テロ勢力の邪説に反駁できた」と評価した。コーランの解釈工作とは、政府のコントロール下にあるイスラム教協会の教務指導委員会が唯一のコーラン解釈権を握り、「イスラム教を社会主義社会に適合させる」解釈を行い始めたことをさす。新編ワーイズはこの新解釈に基づいて書かれている。教務指導委員会は「ファトワー」を出す準備も進めている。「ファトワー」はイスラム教の法学者が一般信徒の質問に答える法学的な見解のことだ。

カトリックで「民主的運営」を模索

中国天主教愛国会常務委員会と中国天主教司教団の連合会議が03年3月21、22日に北京で開かれ、愛国会工作条例、愛国会・司教団主席連合会議制度、教区管理制度の3つの新制度を制定した。「(ローマ法王庁が定める) 天主教の基本的信仰や教義と中国の『独立自主』原則を有機的に結合させる」措置であると説明された。宗教界で初めて全人代の副委員長に選出された傅鉄山《ふてつざん》愛国会主席は、「集団指導、民主管理、相互協商、共同決定」からなる「民主的教会運営」の必要を強調した。額面通り受け取れば、党の意思を貫徹する組織である愛国会が司教団の上に置かれていた関係から、両者が対等な立場に変わることになる。しかし、ローマ法王庁との間で対立する司教任命権は引き続き法王の介入を拒否することも再確認した。「『民主的運営』で司教の権限がなくなると心配する司教がいる一方、ある愛国会幹部は司教が権限を手放さなくなると懸念している」（劉景和《りゅうけいわ》司教団副主席）と、新制度の評価を巡り戸惑いの声も聞こえる。

プロテスタントでは、仲間の自宅などに集まり礼拝や聖書学

聖人になったヨゼフ神父

ローマ法王ヨハネ・パウロ2世は2003年10月5日、中国での宣教に尽くしたヨゼフ・フライナデメッツ神父（1852～1908）ら3人を聖人に列する列聖式を行った。北イタリア生まれのヨゼフ神父は、同時に列聖されたアーノルド・ヤンセン神父がオランダで始めた神言修道会に加わり、中国宣教に赴いた。1881年、当時まだキリスト教徒がわずか158人しかいなかった山東省南部を拠点に宣教活動を始めた。義和団の乱で身の危険が迫った時も退去勧告に従わず、孤児の救済活動などを続けた。1908年、発疹チフスの患者たちの介護にあたるなかで自らも伝染して亡くなった。

神父は中国の伝統と文化を尊重し、生前、故郷の親族に送った手紙でも「天国にあっても、中国人でありたい」と述べていたほどだ。神父の活躍と人となりは、いまも山東省のキリスト教徒の間で語りつたえられているという。今回、列聖を願う署名が各国の関係者から集まったが、中国国内からも1200人分寄せられたという。

余談になるが、ヨゼフ神父はその死後、日本で「奇跡」を起こし、現代の日本人にも縁のある存在となった。17年前、神言修道会が母体となる南山大学の学生が急性白血病で危篤状態に陥った。修道会の神父らは、神様にその学生の命を救っていただこうと、天上のヨゼフ神父に神様への「取り次ぎ」をお願いする「ノベナ」の↗

習を行う「家庭教会」に対する弾圧が続いている。北京の家庭教会指導者の劉鳳剛《りゅうほうごう》は、杭州市当局が未登記の「違法な宗教活動場所」10数カ所を封鎖、破壊した様子を現地調査して海外に伝え、「違法に国外組織に情報を提供した罪」で10月に杭州市当局に逮捕された。信仰仲間のインターネット技術者と北京

↘祈りを捧げた。その結果、「現代医学では説明不能」な快復を遂げたという。ローマ法王庁は厳密な調査を経て、この出来事を「奇跡」と認定し、ヨゼフ神父が聖人である根拠と見なした。

聖人に列せられたヨゼフ神父（右）とヤンセン神父／神言修道会日本管区のホームページより

の病院勤務医も共犯とされた。「党と国家権力の転覆を謀った罪」で10月に2年間の労働矯正処分を受けた河南省の家庭教会指導者の張義南《ちょうぎなん》は、政府公認の三自愛国教会を理論的に批判してきた。張義南と同時に逮捕された蕭碧光《しょうへきこう》は宗教弾圧事件の弁護に当たってきた弁護士で、「邪教」として摘発された「華南教会」創始者、龔勝亮《きょうしょうりょう》の弁護人でもある。その龔勝亮は終身刑で服役中の湖北省荊州刑務所で拷問と虐待を受けていると伝えられた。

緊張続く四川省のチベット地区

世界的にも最大級規模の仏教学院である四川省カンゼチベット自治州の五明仏学院（ラルン・ガル僧院）に対する、地元セルタ県公安局の宗教弾圧が続いている。5月には僧侶ら4人が拘束された。仏学院の弱体化を狙う当局は数年前から僧坊の強制撤去に着手した。故パンチェン・ラマ10世のてこ入れで発展した仏学院には、カリスマ性のある創建者ケンポ・ジグメ・プンツォク師を慕うチベット人だけでなく各地の漢民族や海外の仏教徒ら1万人を越す人々が集まっていた。

カンゼチベット自治州では11月、信仰の対象であるダライ・ラマ14世の写真を家の中に祭ることを禁じる通達も出された。チベット亡命政府は、1994年からチベット自治区ではじまったダライ・ラマの写真狩りがチベット圏全土に広がったことに抗議を表明した。

四川省で起きた一連の爆弾テロ事件の首謀者として02年末に死刑判決を受けたテンジン・デレク師の支援者らに対する抑圧は03年に入っても続き、米上下院の議員79人は胡錦濤副主席にテンジン師の釈放を求める書簡を送るなど、国際社会の批判が強まっている。

「世界最年少の政治囚」パンチェン・ラマ11世（ニマ少年）が消息を絶って8年たった。中国外務省は「普通に楽しい生活を送っている」と説明するが、面会を求める海外の要求には相変わらず応じていない、中国政府公認のパンチェン・ラマ11世（ノルブ少年）は2月、賈《か》慶林《けいりん》中央政治局常務委員から13歳の誕生日の祝いを受け、「中国共産党の指導を擁護するよう」念を押された。

その他の動き

◆ 03年1月10日、国家宗教事務局は全国宗教工作理論検討会を招集し、「社会主義的宗教論」再構築の必要性を強調。

◆ 1月19日、湖北省の仏教聖地・武当山で偶真宮主殿が焼失。

◆ 9月24日、中国仏教協会成立50周年大会開く。

◆ 11月27日、北京で法輪功のビラを配布して労働矯正処分を受けた金子容子が帰国し、警察の「拷問」を告発した。

2004

初の「宗教事務条例」を公布

初の包括的な宗教行政法規となる「宗教事務条例」（以下、条例）が2004年11月30日に公布（05年3月1日施行）された。制定の目的は、「公民の宗教信仰の自由を保障し、宗教間の和睦と社会の調和を確保し、宗教事務の管理を規範化する」（第1条）ことにある。「国家は法に基づき正常な宗教活動を保護し、宗教団体・（寺院、教会などの）宗教活動場所・信仰者の合法権益を確保する」が、「宗教団体・宗教活動場所・信仰者は、国家統一と民族団結、社会安定を擁護しなければならず」「いかなる団体、個人も宗教を利用して社会秩序を破壊し、公民の身体健康を損ね、国家の教育制度を妨げ、国益や社会公益、公民の合法権益を害することはできない」（第3条）とした。さらに、「宗教団体は独立・自主・自営の原則を堅持する。宗教団体や宗教活動場所、宗教事務は外国勢力の支配を受けない」（第4条）とした。特にチベット仏教の活仏の「生まれ変わり」認定では、「仏教団体の指導の下に、宗教上の定められた方法に従い、市級以上の人民政府宗教部門ないしは人民政府の承認を求める」（第27条）ことを義務づけ、ダライ・ラマの影響力排除を明文化した。ローマ法王との間で争点になっている司教任命権についても、「カトリックの全国団体から国務院宗教部門に申請、登録する」(同) と法規化した。

規制と監督の一方で、初めて「国家公務員は宗教事務管理において職権を濫用してはならない」(第38条) と定め、違反すれば刑事責任ないし行政処分に問うとした。国内外から批判されている恣意的な抑圧に一応の歯止めをかけた。限定的ながら宗教出版物の内部発行も認めた (第21条)。国家宗教事務局の王作安《おうさくあん》副局長は、制定のねらいを「合法を保護し、違法は制止する。(海外勢力の) 浸透を阻止し、(宗教を利用した) 犯罪に打撃を与える」と説明する。王副局長は「社会経済の変革期には、宗教にも多くの新しい問題が出てくる」と危機感を隠さない。海外の人権団体は、「正常な宗教活動を認めるというが、誰が『正常』『不正常』を決めるのか」と批判する。

各宗教で進む「愛国化」工作

イスラム教では、中国イスラム教協会主催の第5回ワーイズ・コンテストが04年6月下旬、北京で行われた。ワーイズは金曜礼拝でイマームが行う説教。同協会教務指導委員会はイスラム原理主義の浸透を防ぎ、愛国的ムスリムの育成を目指すコーランの解釈工作を進め、新解釈に基づく模範的な説教集『新編ワーイズ』第1、2集を出版している。「イマームらが真剣に学び活用していることがわかった」と講評された。同委員会は9月24日から2週間、シリア、モロッコ、エジプト3カ国に初の海外視察団を派遣し、コーラン解釈の現状などを考察した。こうした「愛国化」工作と平行して、新疆ウイグル自治区ホータン地区では「違法」宗教活動の摘発が行われ、未公認のモスクを封鎖した。アムネスティ・インターナショナルは7月7日、「現在の抑圧状況においてはウイグル人が文化的宗教的な独自性を発揮できる余地はほとんどない」と指摘した。

カトリックでは、中国天主教第7回代表大会が7月7〜9日に開催され、傅鉄山《ふてつざん》愛国会主席と劉元仁《りゅうげんじん》司教団主席が再選された。賈慶林《かけいりん》全国政治協商会議主席は、「いかなる状況下でも自ら司教を選出する原則が揺らいではならない」と注文した。中国カトリック界の最高決定機関である同大会は5年に1度の開催にもかかわらず、今回は1年遅れた。「愛国会工作条例」など3つの新制度（03年制定）を承認すべきなのに議題に上程でき

チンギス・ハーン廟の攻防

中国全土を襲う観光開発の大波は、内モンゴル自治区西部・オルドス地方にあるチンギス・ハーン廟にも及んだ。チンギス・ハーンの墓の所在地は「世界史のナゾ」とされているが、地元のダルハド族は数百年間、その地を「民族の大英雄」の陵墓として守り、祭祀を続けて今日に至っている。

2004年10月21日付でダルハド族が出した公開書簡によると、参拝者や観光客から得られる収入に目をつけた中国人某が、地元幹部と結託して墓園開発の私企業を設立、ダルハド族中心の墓園管理局を乗っ取り、第2の廟の建築に着手した。信仰の対象というべきチンギス・ハーンの名を印刷したスリッパを土産として売り出す案もあった。「民族への侮辱」と糾弾する彼らは、指導部門に調↗

なかったのは、指導強化をねらう新制度への反発がある。

04年も地下教会の弾圧が続き、魏景義《ぎけいぎ》チチハル教区司教、賈《か》治国《じこく》河北省正定教区司教、林運団《りんうんだん》福州総教区職務代行らが拘束された。浙江省蒼南県では2000人が参加したクリスマスイブのミサが摘発され、仮設の教会が破壊された。バチカンは度々、「宗教の自由を保障すると自称する法治国家とは思えない」と非難した。地下教会の一部では新しい動きもあり注目された。内モンゴル自治区巴彦淖爾盟の郭正基《かくせいき》司教の葬儀（5月3日）に信徒らが拘束の危険を冒して参列し、愛国会系の信徒と共に追悼ミサを行った。ヨハネ・パウロ2世の呼びかける「(愛国会との）合一」に答える行動だった。

プロテスタントでは、「中華福音団契」「安徽穎上《あんきえいじょう》家庭教会」

↘査チームの派遣、伝統の尊重などを要求している。

民族のアイデンティティーを刺激した事件は、ただちに都市部にも伝わった。たまたまその時期、モンゴル人意識を前面に出した曲「モンゴルで生まれた」で大人気の、モンゴル国の人気ヘビーメタル・グループ「ホルド」の公演が、フフホトの3大学で予定されていた。公演は直前に当局の命令で中止させられ、大学は多数の警察官らで封鎖された。複数の拘束者が出た。事件に不満を持つ若者たちが、「ホルド」のコンサートに集まれば、不測の事態が起きかねないと懸念した当局の強硬措置だった。

内モンゴルでは、著名な政治囚ハダ（49）の投獄が8年目に入った。憲法に保障された自治を求めて「南モンゴル民主連盟」を作り、15年の刑を科せられた書店経営者だ。

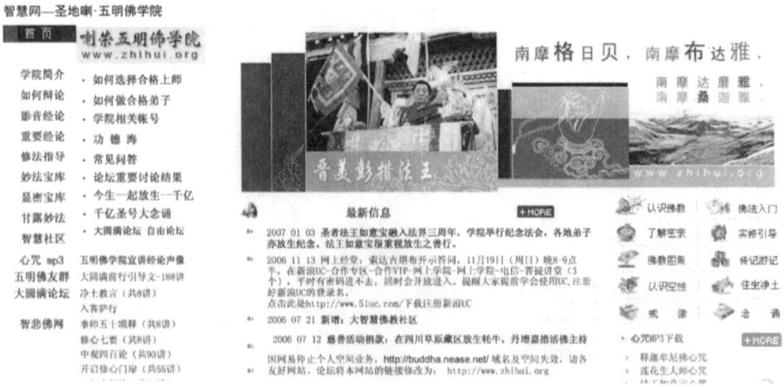

五明仏学院のホームページ。写真の僧侶は創始者の故ケンポ・ジグメ・プンツォク師

など未公認の大宗派が弾圧された。

チベット仏教では、四川省カンゼチベット自治州セルタ県にある五明仏学院の創始者、ケンポ・ジグメ・プンツォク師が04年1月7日に死去した。当局の締め付けに晒される同学院の今後が懸念されている。同じく四川省では、連続爆弾テロ事件の「首謀者」として死刑判決を受けたテンジン・デレク師の2年の執行猶予期限が04年末に迫った。米国、カナダ、日本「チベット問題を考える議員連盟」など各国から懸念の声が上がり、無期懲役に減刑された（05年1月26日）。ダライ・ラマの影響力の排除に腐心する当局の追及は音楽界にも広がり、「(ダライ・ラマ賛美の) 暗示的な内容を含む」との理由で歌手ナムカと作曲家バコチャが拘束された。チベット人の精神世界を描いた作家オセル（唯色）の著書『西藏随筆』も発禁処分になった。当局がダライ・ラマの対抗軸として期待するパンチェン・ラマ11

世（ノルブ少年）は04年、仏教聖地の五台山、ラサ・ジョカン寺、北京の霊光寺などへの参拝活動を続けた。一方、ダライ・ラマが認定した11世（ニマ少年）は、「世界最年少の政治囚」のまま15歳になった。

ダライ・ラマは『タイム』誌（04年10月18日号アジア版）のインタビューで「自らの死後」を語った。「2通りの意見がある。ある人は、ダライ・ラマが死ねばチベット問題はなくなるとみる。他の人は、不満は消えるどころか一層強まり、その時、チベットを指導している人は誰もおらず、より統制は困難になると考える。どちらが正しいか、私にはわかりません。私が死ぬまで待ってください（大笑い）」

その他の動き

◆メッカ巡礼の将棋倒し事故で中国人5人死亡（2月1日）。

◆中台の「海峡両岸仏教音楽団」が台湾、マカオ、米国、カナダで公演（2～4月）。

◆中国イスラム教協会がイラク駐留米英軍による捕虜虐待に抗議声明（5月27日）。

◆中国イスラム教協会が初の台湾訪問で外省人の回族と交流（6月7～12日）。

◆内モンゴル自治区庫倫旗で寺院再建に協力する米国籍の得禅覚人（53）を拘束（8月11日）。

◆中華媽祖《まそ》文化交流協会が発足（10月31日）。

2005

ベネディクト16世、「和解」に積極姿勢

ローマ法王ヨハネ・パウロ2世が2005年4月2日に死去し、約1000万人の中国カトリック教徒も4日、追悼の大ミサを捧げた。法王は母国の共産国家ポーランドでカトリック教会が辛酸をなめた体験から、中国共産党政府との「歴史的和解」を自らの使命と考えていた。半世紀も続く膠着状態の打開を求め、「遺憾ながら中国でのカトリック教会の活動はいつも正しかったわけではない。そのために傷ついたすべての人々に許しを請い、お詫びしたい」と初めて公式に謝罪した(2001年10月)。中国政府はその死去に哀悼の意を表し、「(謝罪等の姿勢は)中国・バチカン関係に有益であった」と評価した。側近のチェッリ大司教によると、「死去の1カ月前、『私たちはいつ北京に行くのかね』と尋ねられ、『私は毎日、中国の教会のために祈っている』と話した」という。

新法王ベネディクト16世はその対中政策を引き継ぎ、10月にバチカンで開催の「シノドス」(世界代表司教会議)に中国から4人の司教を招くと発表した。李篤安《りとくあん》(78)、金魯賢《きんろけん》(89)、李鏡峰《りきょうほう》(84)の中国政府公認の3人と、「地下教会」司教の魏景《ぎけい》儀《ぎ》(47)である。バチカンのみに忠誠を誓う地下司教だけでなく中国公認の司教をも招くのは極めて異例で、新法王の中国重

視を示したものだった。しかし、高齢で病身の3人は旅行に耐えられないうえ、中国側とバチカンの折衝が不調に終わったことから、中国当局は4人に出国ビザを出さなかった。

2005年は長年の懸案だったカトリック教会指導者の世代交代に進展があった。「シノドス」に招請された李篤安司教の西安、金魯賢司教の上海、歴史ある重慶市万州という3つの重要教区で、40歳前後の若手が後継者に抜擢された。この3人は法王も認めた司教であり、法王と中国側があうんの呼吸で世代交代に配慮していることをうかがわせた。

宗教団体財産の法的保護を明記した宗教事務条例が3月に施

《宗教事务条例》全国培训班开班

为了加强对《宗教事务条例》（以下简称《条例》）的学习和贯彻，1月5日，中央统战部、国务院法制办、国家宗教局会同全国政协民宗委，在京召开了各全国性宗教团体副秘书长以上驻会负责人参加的《条例》报告会。1月12日起，中央统战部、国务院法制办、国家宗教局三部门在全国分五个片区连续举办5期培训班，对全国地市级以上统战、法制、宗教工作部门负责人进行培训。截止1月20日，培训班已举办了3期。　本版图片由 日生、徐俊东、陈超、侯志华/摄

1月12日，全国学习贯彻《条例》培训班（第一期）在广东中山市开班

全国の宗教事務部門の幹部を対象とした「宗教事務条例」学習会の始まりを報じる『中国宗教』2005年1月号

行され、未返還の教会財産をめぐる当局側との紛争が各地で激化した。12月16日には天津で、山西省から天津市政府に陳情に来ていた太原教区神父ら50人が身分不詳の暴漢に襲われた。係争中のビルは1949年以前から修道会が天津市内に所有し、その家賃収入で宗教活動を支えてきたもの。文革で没収後、同市は返還を約束したが実行せず、教区側が返還を求めていた。西安でも11月23日、同様の紛争で暴徒40人が聖心方濟会の修道女を襲い、17人が重軽傷を負った。600人が抗議の街頭デモに立ち上がり、バチカンも厳しく非難した。

ブッシュ大統領訪中「宗教の自由」要求

アジアを歴訪したブッシュ米大統領は11月20日、中国訪問の最初の行事として北京市西部にあるプロテスタント教会「缸瓦市堂」の日曜礼拝に参列。礼拝後、「中国政府は礼拝のために集うキリスト教徒を危険視してはならない。健全な社会とは信仰を通じて自らを表現できる機会が得られる社会だ」と語り、米中首脳会談後の声明でも「中国で社会、政治、宗教の自由が広がることが重要だ。より大きな自由に向けた歴史的転換を中国が継続するよう求める」と要求した。ブッシュ政権2期目の外交政策は「世界への自由拡大」であり、バイブル外交の背景にはブッシュ政権を支えるエバンジェリカル（福音派）の存在がある。米国の保守的なキリスト教徒たちはスーダン、北朝鮮、中国の宗教迫害に強い関心を示している。ブッシュ訪中の直前、米国務省は宗教弾圧に対する「特に懸念のある」8カ国の1つに中国を引き続き指定した。

米国のプロテスタント諸派による「非合法」な中国宣教は、中国当局の摘発強化にもかかわらず衰えを見せない。ハルビンでは2月24日、未公認の「家庭教会」の集会が摘発された。全国各地から140人が集まった会合には、米国人リーダー8人が参加していた。湖北省棗陽《そうよう》市では8月2日、民家で開かれた家庭教会の集会が摘発され、米国人神学生2人が拘束された。ブッシュ訪中の直前の11月8日には、「無許可で聖書など20数万冊を印刷、配布した」として違法経営罪に問われた蔡卓華《さいたくか》牧師事件の判決があり、蔡牧師は懲役3年に処せられた。弁護団は、当局が海外からの「宗教弾圧」批判を避けようと経済犯罪にすり替えたと主張した。

定着めざす「宗教事務条例」新体制

甘粛省夏河にあるチベット仏教ゲルク派6大寺の1つ、ラプラン・タシキル寺の座主だった故グンタン・リンポチェ6世の「生まれ変わり」が8月10日、甘粛省宗教局によって認定された。寺主（経営責任者）のジャムヤン・リンポチェが、同寺の伝統に則った「銀盆丸」の認定儀式を行った。7世の認定は宗教事務条例の施行後、初のケースとなるだけに、手続きには条例の完璧な順守が要求された。第27条は「仏教団体の指導の下に、宗教上の定められた方法に従い、市級以上の人民政府宗教部門ないしは人民政府の承認を求める」と規定している。

政府はダライ・ラマ長期不在のチベット仏教界を制度面からもより一層の自立化を図ろうと、ゲルク派の最高級学位「拓然巴」の認定制度を創設させた。北京の中国蔵語系高級仏学院を養成機関とし、学位審査認定委員会を設置した。第1期「拓然

「鄭和西洋下り」600周年

中国史の中で最も著名なムスリムは誰だろうか。「偉大な航海家」鄭和《ていわ》（1371-1434？）をその一人に挙げることに異論はないだろう。2005年は鄭和が第1回の南海遠征に出発してから600年となり、中国内外でさまざまな記念行事が行われた。

雲南省生まれ。明の永楽帝に鄭姓を与えられたが、元々は馬姓。西域から来た一族だった。祖父と父の名には、聖地メッカに巡礼したムスリムに与えられる尊称「恰吉」(ハジ）がついていた。明の内乱で戦功を挙げた鄭和は宦官の最高位である内宮太監まで上り詰めた。

大航海は1405年から1433年まで28年間に7度行われた。鄭和本人が司令官を務めた本隊はカリカット、ホルムズまで行き、別働隊は遠く東アフリカや紅海まで進出、訪れた国は30数カ国に上った。多いときには60数隻、乗員は2万数千人に達した。

「鄭和西洋下り」と呼ばれるこの航海を、胡錦濤政権は、その後の西欧の大航海時代のような征服目的ではなく「友好平和の旅」だったと強調する。東シナ海の海洋資源開発、潜水艦の領海侵犯などから「海洋覇権の動き」を指弾されている折だけに、中国の海洋戦略は歴史的にも「平和友好」であると宣伝したかったようだ。

政府の思惑はともかく、回族らムスリムたちは偉大な先人が脚光を浴びたことを歓迎する。「大航海で沿岸各国とイスラム教の↗

巴」候補生11人の認定試験はタール寺で行われ、10月18日に初の授与式典が行われた。

政府がダライ・ラマの対抗軸として期待し育成するパンチェン・ラマ11世（ノルブ少年）のパンチェン・ラマ継承10周年祝賀式典が12月8日、歴代パンチェン・ラマが座主を務める

↘大交流が行われ、後の我が国におけるイスラム教発展の基礎を築いた」（中国イスラム教協会機関誌『中国穆斯林』2005年第4号）と位置づけ、航海は部下にも多くの有能なムスリムがいたからこそ可能だったと指摘する。

中国イスラム教協会発行の『中国穆斯林（ムスリム）』誌2005年第4号は鄭和の「西洋下り」600周年を特集した

シガツェのタシルンポ寺で開かれた。11世は、「党中央と国務院の配慮で素晴らしい学習条件と生活環境が与えられた」と感謝した。一方、ダライ・ラマが認定した11世（ニマ少年）の消息は依然不明で、国連児童権利委員会は9月20日、中国政府に対して国際組織の代表による面会を許可するよう求めたが、拒否された。

イスラム教界でも同条例に基づく規制強化が進んだ。第11条は「イスラム教を信仰する中国公民が海外巡礼に行く場合、イスラム教の全国的な宗教団体が組織、責任を持つ」とし、毎年のハッジ（メッカ巡礼）は政府の許可した統一巡礼団のみ許されることになった。だが、2005年のハッジでも、新疆ウイグル自治区からパキスタン経由で出国しようとした43人が摘発されるなど、「私団」と呼ばれる巡礼団が少なくない。中国イスラム教協会はハッジ工作のために5月下旬、サウジアラビア政府の巡礼受け入れ部門を訪れて理解と協力を求めた。

5月30日〜6月3日に開かれた第6回全国コーラン朗唱大会（中国イスラム教協会主催）は、ムスリム企業家オスマン・フォンレイが大会スポンサーとなる「清華同仁」杯大会となった。愛国的解釈に基づくコーランの普及活動に力を入れる当局はその一方で、民間の「宗教学校」への弾圧を強めた。同自治区アクスで夏休み中の8月1日、コーランの知識のある農村女性が、自宅で子供たち37人にコーランを教えていたところを摘発され、コーラン23冊を没収された。政府は未成年に対する宗教教育を禁止しており、コーラン学習の必要を感じる保護者たちは当局の目を逃れた勉強会を催している。

同自治区巴楚県法院は2月、ウイグル人のアマチュア作家、ヤシン(32)を「分裂扇動罪」で懲役10年に処した。『カシュガル文学』誌に発表したウイグル語の短編小説「野鳩」がやり玉にあがった。人間に飼い慣らされた家鳩と自由を求める野鳩の対話を通じて、人間の奴隷になりたくなければ自ら死を選ぶしかない絶望的な現実を訴えた作品だ。同誌編集長には懲役3年の判決。「野鳩」事件は、「9・11」同時多発テロ後に強まった中国当局の抑圧で閉塞したウイグル人の精神世界を垣間見せた。

その他の動き

◆国家宗教事務局令「宗教活動場所の設立・認可・登記規則」施行される(4月21日)。

◆ムスリム向け全国最大の清真総合スーパーが西安市内に開店(同24日)。

◆台湾の「中国回教協会」が初訪中(5月下旬)。

◆モンゴル伝統医のナゴーンビリグがフフホト市内で逮捕、「内モンゴル版法輪功」容疑(6月7日)。

◆ダライ・ラマが70歳に(7月6日)。

◆中国道教協会が台湾で海峡両岸道教音楽会を共催(7月中旬～8月初め)。

◆国家宗教事務局宗教出版社と月刊『中国宗教』雑誌社が創立10周年（7月29日）。

◆法輪功メンバーへの拷問を告発する民主派弁護士、高智晟《こうちせい》が胡錦濤《こきんとう》主席に「信仰の自由」を求める公開書簡を送付し、1年間の業務停止処分（11月5日）。

◆陝西・法門寺の「仏指舎利」を韓国で展示（11月中旬～12月下旬）。

◆カトリック香港教区の陳日君《ちんにちくん》司教が香港直接選挙の早期実施を求める25万人デモで「民主化闘争をあきらめるな」と祈祷（12月4日）。

◆中華宗教文化交流協会が発足。政府主導で対外宣伝工作の強化をめざす（12月30日）。

2006

バチカンとの歴史的和解が頓挫

中国・バチカン関係の2006年は激動の1年だった。法王就任以来、中国との「歴史的和解」に熱意を示すベネディクト16世は、中国事情に詳しい陳日君《ちんにちくん》・香港教区司教を新たに任命する枢機卿の1人に加えた(2月22日発表)。双方は、「機は熟した」(3月25日、ラヨロ外務局長)、「バチカンが2つの条件を受け入れれば、直ぐにでも外交関係は樹立できる」(4月3日、葉小文《ようしょうぶん》・国家宗教事務局長）と交渉開始に意欲を示した。

中国のいう「2つの条件」のひとつが「台湾との断交」だが、台湾の鄭再発《ていさいはつ》大司教は断交の受け入れを前提とした信徒向け書簡を発表し（4月2日）、バチカンの台湾説得が進んでいることを示した。もうひとつの「バチカンは司教任命に干渉しない」という条件にしても、陳枢機卿は「バチカンが複数の候補を選び、中国がその中から選ぶ方法もありうる」（4月26日付『朝日新聞』）と述べ、解決の可能性を示唆した。4月20日には、双方が承認した蘇州教区の徐宏根《じょこうこん》司教（44）の就任式が行われた。

ところが、4月30日、中国は法王の承認を得ていない馬英林《ばえいりん》・中国天主教司教団秘書長（41）を「自選自聖」（中国独自の選出、任命）で昆明教区司教に就任させた。4日後には、安徽教区で同じく「自選自聖」の劉新紅《りゅうしんこう》司教（42）の任命式も行った。バチカンは「（任命に参加した司教らは）教会以外の機関（愛国会を指す）の圧力と脅しを受けていた」（5月4日、バチカン広報局）と批判、中国は「任命を何度もバチカンに通知したが、バチカンは正面から対応してくれなかった」（5月6日、国家宗教事務局）と反論した。事態はその後も慌ただしく推移し、遼寧教区で双方承認の裴軍民《はいぐんみん》協働司教（37）が誕生（5月7日）、その1週間後には福建・閩東教区で「自選自聖」の詹思禄《せんしろく》司教（45）の任命式が行われた。

対立激化と見られた状況は、チェッリ大司教の訪中（6月25

自選自聖新主教

4月30日，天主教昆明教区马英林主教祝圣典礼在昆明市北京路天主

堂举行。昆明教区主教空缺13年后，有了新的牧人来领导羊群，神长教友

多年的愿望终于实现。

主礼主教、襄礼主教及参礼的神父合影

（刘国芳　摄）

新主教在接受祝圣

（刘国

新主教接受权杖

ローマ法王が認めていない馬英林神父の司教就任式典を写真特集した『中国宗教』2006 年第 2 号。「自選自聖」を強調している

日～7月1日）で一変、ハイレベルの直接交渉が行われた模様で、双方とも国交樹立を急ぐ姿勢に変更ないことを内外に示した。激動の1年は、11月30日にこの年6人目となる徐州教区の王仁雷《おんじんらい》協働司教（36）が「自選自聖」で任命されて幕を閉じた。

歴史的和解への歩みが頓挫した原因を、陳日君枢機卿はバチカンとの関係正常化によって既得権益が失われる中国天主教愛国会が妨害したとみている。

中国独特の大衆組織である愛国会は、共産党がカトリックを監視・監督するためにつくられた。聖職者ではなく一般の信徒である劉柏年《りゅうはくねん》愛国会副主席は「西側はカトリックを利用して中国の変質を狙っている。東欧の変化はカトリックが重要な役割を果たした。国外の一部の人びとは、社会主義に反対する人が司教に就任するよう期待している」と指摘する（4月30日）。だが、今日では中国側が任命した司教の85％は法王も承認しており、劉副主席も「（馬司教任命に当たり）複数のチャンネルを使ってローマに取り次いでもらい、事前通知していた（が、法王の認可が下りなかった）」と認めたように、まずローマ法王の承認を求めることが定着している。劉発言は、国交樹立で存在意義が消滅しかねない組織の存続を訴えたものといえる。

中国政府が既得権益勢力をどう説得するかが、今後の行方を占うカギになるが、「08年北京五輪までに国交樹立」という観測が再び強まっている。

「和諧社会」構築に協力要請

和諧社会（調和ある社会）構築が胡錦濤総書記の政権維持にとって重要性を増すとともに、宗教界が積極的な役割を果たすよう、これまで以上に強く要請された。愛国統一戦線の対象とされている宗教界にとっては、共産党政権に宗教の存在意義を誇示する絶好の機会であり、活発な活動が展開された。

2006年10月11日の党第16期中央委員会第6回総会で採択された「社会主義和諧社会構築の若干の重大問題に関する党中央の決定」は、「党の信教の自由の政策を貫徹し、法律で宗教を管理し、独立・自主・自営の原則を堅持し、宗教が社会主義社会と即応するよう積極的に導く。信仰をもつ大衆ともたない大衆、異なる宗教を信仰する大衆間の団結を強め、宗教がもつ社会調和促進の積極的な作用を発揮させる」とし、宗教界に「社会の調和促進」の任務を与えた。

「決定」を受けて党統一戦線工作部は、各宗教団体の指導者を招集したシンポジウムを開催し、具体的な取り組みを求めた（11月8～12日）。賈《か》慶林《けいりん》党中央政治局常務委員は、「調和の増進」「社会奉仕」などを重点活動とするよう指示した。

劉延東《りゅうえんとう》統一戦線工作部長は、「決定」と7月10～12日に開催された全国統一戦線工作会議で打ち出された基本方針を踏まえ、①「愛国愛教」を堅持し、党の指導と社会主義制度を擁護する、②広範な信徒を「小康（まずまずの生活のできる）」社会建設の大目標に向かわせる、③信徒に民族団結の必要性を宣伝し、民族団結を擁護する、④情緒安定や「心の調和」など宗教のもつ働きを活かして社会の安定を維持する、⑤道徳、修養、愛国意識といった宗教文化に内在するものを掘り起こして広める、⑥慈善事業を行う、⑦台湾、香港、マカオの宗教界との交流を強化し、祖国統一の大事業を推進する、⑧世界各国の宗教界との交流を強化し、中国の宗教政策を宣伝するとともに「和諧世界」の構築を促進する、とする8つの任務を提起した。

これに対して、宗教団体は「イスラム教と和諧社会構築」シンポジウム（10月27、28日)、「仏教と和諧世界」シンポジウム（11月24、25日）など、次つぎと「和諧」を冠した行事を企画、開催した。全国政協民族宗教委員会と国家宗教事務局が共催した「宗教が社会主義和諧社会にいかに貢献できるかの経験交流会」(11月23日）も招集された。

その他の動き

《チベット仏教》ダライ・ラマがインド・アマラバティでカーラチャクラ灌頂を行い、中国から参加した中国人信徒150人を接見（1月10日）◆ダライ・ラマの特使が訪中、第5回対話行われる。ダライ・ラマは「聖地巡礼のための訪中」を希望と伝える（2月15日）◆ダライ・ラマ認定のパンチェン・ラマ（ニマ少年）が「最年少の政治囚」のまま17歳に（4月25日）◆青蔵鉄道開通（7月1日)。「豊かになるのは悪いことではない」

とダライ・ラマ◆ネパールへ越境しようとしたチベット人少年ら2人を中国国境警備隊が射殺（9月30日）

《仏教》第1回世界仏教フォーラム（中国仏教協会・中華宗教文化交流協会主催）が浙江省・普陀山などで開催（4月13～16日）。ダライ・ラマを招かず、中国当局認定のパンチェン・ラマ（ノルブ少年）を国際仏教界にデビューさせる◆唐の高僧、玄奘三蔵《げんじょうさんぞう》が学んだインド・ナーランダーにある玄奘記念堂の改装工事が中国の援助で始まる（11月20日）

《道教》中国道教協会が甘粛省民勤県につくった「道教生態林基地」が完成（6月）◆第1回「国際道徳経フォーラム」を2007年4月22～27日、西安と香港で開催と発表（12月27日）

天主教のニューリーダー

中国で唯一のカトリック(天主教)の全国紙『信徳』が創刊15周年を迎え、2006年10月14、15日に河北省石家荘市で記念シンポジウム「キリスト信仰と現代メディア」を開催した。『信徳』は、同省刑台教区の張士江《ちょうしこう》神父（43）（写真、信徳社提供）が始めた。タブロイド判8ページで、5万1000部を月3回発行、読者数100万人という。7年前からウェブ版

www. chinacatholic.org/ ↗

《イスラム教》メッカ巡礼（ハッジ）に約7000人参加、将棋倒し事故で4人死亡（1月12日）。政府はハッジ以外の巡礼団の管理規定を作成◆第1回ムスリム企業家サミットで傑出企業家10人を認定（4月8、9日）◆中国イスラム教第8回全国代表会議（5月8～11日）で、清真寺民主管理規則、イスラム教教職人員資格認定規則など採択。コーラン解釈工作の強化、海外原理主義勢力の浸透阻止などを確認◆ウイグル人亡命組織「世界ウイグル会議」がドイツで総会、新主席にラビア・カーディル（女性）就任（11月24～27日）

《カトリック》西安教区の李篤安《りとくあん》大司教死去、享年79（5月25日）◆陳枢機卿が香港での「六四」天安門事件17周年祈祷

↘を始め、海外から中国天主教の最新事情を理解する窓口の役割も果たしている。文書宣教の経験を交流するシンポジウムには、フランス、オーストリア、韓国など海外組を含む約200人が出席、日本からは『カトリック新聞』編集部の松隈康史氏が参加し、同新聞の歩みと課題を紹介した。

張神父は1996年に「聖召教育基金会」、翌年に「進徳公益」を創設し、学校建設、貧困家庭児童への奨学金支給、エイズ防止などの社会福祉活動も行っている。「進徳公益」は2006年4月、民政省から中国カトリック初のNPOに認定された。同年7月に起きた雲南省の地震では、ドイツのカトリック系援助団体「カリタス」から30万元の支援を受けて米187トンを購入、被災者に配布した。張神父は日本への関心も高く、「司教や信徒からなる訪日団を派遣して交流できたら」と希望している。

会に出席（6月4日）◆米映画「ダ・ヴィンチ・コード」が上映禁止（6月8日）

《プロテスタント》中国教会聖書普及事業展が米国3都市を巡回（4月27日～6月12日）。「中国には宗教の自由がない」と決めつけている米国世論対策の一環として、中国における聖書印刷とその普及の歴史を、写真や昔の聖書の実物などを集めて展示した。国家宗教事務局のバックアップで、中国基督教三自愛国運動委員会と中国基督教協会の主催。まず2004年8月に香港で予行演習となる最初の展示を行い、欧米メディアの関心を引いたことから自信を得て、米国に乗り込んだ。アトランタ会場の開幕式にカーター元大統領の出席を勝ち取る成果を上げ、「入場者は計2万人を超し、大成功だった」と総括された。◆米ブッシュ大統領が「家庭教会」指導者3人（余傑《よけつ》、李柏光《りはくこう》、

「中国教会聖書普及事業展」アトランタ会場を見学するカーター元大統領。『中国宗教』2006年6月号はその写真を表紙に掲載した

王怡《おうい》）とホワイトハウスで面会（5月11日）◆中国基督教教職人員認定規則を公布（9月10日）◆英聖公会カンタベリー大司教が初訪中（10月8〜23日）

《人権問題》アムネスティ・インターナショナル「世界の人権2007」報告は、「チベット自治区で信教、表現、結社の自由が厳しく制限」「新疆《しんきょう》ウイグル自治区では非公認のモスクが閉鎖され、イマーム（導師）が逮捕」と指摘（5月23日）。拷問と虐待の恐れのある法輪功の卜東偉《ぼくとうい》らの救援を呼びかけ◆人権派弁護士の高智晟《こうちせい》が「国家政権転覆扇動罪」で懲役3年、執行猶予5年の判決（12月22日）

《統一戦線工作》中秋の名月に合わせて葉小文国家宗教事務局長が2度目の台湾訪問、有力仏教指導者らと面談（10月3〜7日）

2007

だれが「代替わり」を決めるか

72歳になったダライ・ラマ14世の余命を見据えた中国政府とダライ・ラマの間で、「生まれ変わる」とされる15世への「代替わり」の主導権をめぐる駆け引きが激しさを増してきた。

チベットには高僧（ラマ）の死後、その「生まれ変わり」を幼児のうちに探し出して、亡くなったラマの地位を相続させる転生相続制度がある。転生を繰り返すラマを「活仏」、チベット人は「トゥルク」(化身) と呼ぶ。

2007年7月13日、国家宗教事務局は局令「チベット仏教活仏転生管理規則」を公布した (9月1日施行)。中国初の総合的宗教法規である宗教事務条例は「チベット仏教の活仏が地位を継承する場合は、仏教団体の指導の下で、宗教典礼と歴史的に定まった制度に則って事を行い……人民政府に報告し、承認を受けなければならない」(第27条) と規定している。規則はその具体的な段取りを定めたものだ。

中国側には、1995年のパンチェン・ラマ11世の認定に際して、インドに亡命しているダライ・ラマに先に公表されてしまった苦い教訓がある。規則は「活仏転生は国外のいかなる組織、個人の干渉と支配を受けない」(第2条) と明記した。大きな影響力をもつ仏教指導者の転生は、子ども探しの申請から認定まですべてに「国務院の承認」が必要なことを確認し (第5条から第9条)、国家権力の介入をより鮮明にした。認定は、清朝時代に倣い、「金の壺 (金瓶) を用いたくじ引き」で行う (第8条)。当局の権威を示す「活仏証明書」を交付する (第10条)。

国家宗教事務局の葉小文《ようしょうぶん》局長は「ダライ・ラマはすでに高齢だ」(10月17日の記者会見) と語り、法整備の狙いが「代替わり」に向けた対策であり、いずれ中国政府が認定する15世の正当性を主張する根拠作りにあると示唆した。

一方のダライ・ラマは、11回目となる日本訪問中 (11月15

パンチェン・ラマ11世の認定に際して、ラサのジョカン（大昭寺）で1995年11月に行われた「金の壺によるくじ引き」の様子。中国政府はダライ・ラマ15世の認定も同様に行うと決定している／『中国宗教』2007年10月号より

～23日)、「私が亡命先で死ねば、後継者の15世は私の背負ってきた使命を引き継がなければならない」「私の生まれ変わりは、(中国政府の管理下に置かれて使命が果たせないことが明白な）チベットではなく、外国で見つけられるべきだ」と従来からの主張を繰り返しただけでなく、「ローマ法王のような（枢機卿の選挙による）後継者決定」や「自らが生前に後継者を指名する」方法も検討していると語り、中国政府を牽制した。

中国政府はダライ・ラマとの対話路線を変更した。温家宝《おんかほう》首相が全国人民代表大会閉幕後の記者会見（3月16日）で、「我々はダライ・ラマ個人の将来の問題について、話し合いや対話を行ってもよく、この扉は常に大きく開かれている」と語り、ダライ・ラマが要求する「チベットにおける高度の自治」などは交渉の対象にならないことを内外に宣言した。鄧小平《とうしょうへい》時代の「独立以外なら何でも話し合える」という柔軟姿勢から大きく後退した。6月30日にダライ・ラマの特使が訪中して6回目の対話が行われはしたものの、その結果は「5回目までは（対話の内容に）改善が見られたが、（今回は）非常に厳しい状況になった」とダライ・ラマは嘆く。

中国政府はダライ・ラマの「代替わり」が現実味を増したと分析し、過去5回の対話を通じてもダライ・ラマから期待したような妥協を引き出せなかったことから、交渉に見切りをつけたのだろう。だが、中国にとっては不本意なことだが、国際社会におけるダライ・ラマの存在感は増すばかりで、ドイツのメルケル首相は独首相として初めてダライ・ラマと会談を行った（9月23日）。10月17日には米連邦議会がダライ・ラマに最高の栄誉を称える「ゴールドメダル」を授与した。式典にはブッシュ大統領も出席し、「私は中国の指導者にダライ・ラマを中国に受け入れるよう要請し続けるつもりだ」と約束した。現職の米大統領がダライ・ラマとともに公式の場に姿を見せるのは初めてだ。ダライ・ラマは「私が求めているのは独立ではなく、中国の中での意味のある自治だ。分裂を図っているという中国の非難は当たらない」と訴えた。

中国のチベット圏では、ダライ・ラマが求めていた「中国聖地への巡礼の旅」を中国側が拒否したという情報が伝わり、抗議の動きが各地で起きた。8月1日、チベット圏の「カム」地域に属する四川省リタン県で行われた競馬祭りで、遊牧民ロンギュ・アダ（52）が「ダライ・ラマの帰還」を訴えて逮捕され（11月20日、国家政権転覆扇動罪で禁固8年の判決）、9月6日には「アムド」地域の甘粛省夏河県で中学校の壁に同様のスローガンが見つかり、チベット人中学生40人が拘束された。ダライ・ラマの「ゴールドメダル」受賞を祝う僧侶らの動きも警察の取り締まりに遭い、チベット人の不満をさらに増幅させた。

ローマ法王が中国の信徒らに書簡

ローマ法王ベネディクト16世は1月19、20日、中国問題の特別会議を招集し、陳日君《ちんにちくん》枢機卿（香港教区）ら中国問題の専門家に中国の教会が直面する諸課題を検討させた。その議論を基に、法王は自ら中国の司教と信徒らに書簡を出すと表明した。特定の地域に対して法王が手紙を出すのは、「バチカンの歴史でも前例がない」（陳枢機卿）。中国政府も、「実際行動で中国バチカン関係正常化に有利な条件を創り出して欲しい」（1月23日、外務省定例会見）と期待を寄せた。

6月30日に公表された書簡（5月27日付）は、中国語訳で2万字を超す長文で、「中国における教会生活と福音宣教事業にいくつかの指針を示す」具体的で踏み込んだ内容になっている。

中国天主教愛国会の発足に当たり、周恩来首相は1956年7月、北京・中南海で設立準備委員たちを接見した／『中国宗教』2007年8月号より

法王は中国の教会の現状を「過去と比べより大きな宗教の自由を享受するようになったが、信仰の核心にかかわる問題では依然として厳しい制限が存在する」とし、「非聖職者や時には洗礼さえ受けていない者が各種の国家機構の名の下に、司教の任命を含む教会の重大な問題を支配し、決定を下している」と、国家権力の介入を批判した。

聖職者と信徒からなる大衆団体の中国天主教愛国会については、名指しは避けつつも「教会の体制と無関係な、国家によって設立されたものが司教よりも上に立ち、教会共同体の生活を導こうとするのは、教会の教えに合致しない」「自らの目的を『教会の独立自主自営と民主的管理の原則』を実行すると宣しているのは、教会の教えと相容れない」と否定した。

ローマ法王の書簡（中国語訳）を掲載したバチカンのホームページ

法王は政教分離の原則を堅持する一方、運用面では柔軟な姿勢を示した。中国との間で最も対立している司教任命問題ですら、司教任命は法王の「最高の霊的権威の行使であり」「純粋に宗教的なもので、国家の内部事務に干渉しない」と原則を確認しつつ、「司教候補者の人選、司教任命の公表、および政府当局による新司教承認に関する民事的な手続きなどの問題について、政府と合意に達したいと願っている」とし、具体的に協議可能な項目を挙げた。

教会の登録問題についても、「信仰と教会の交わりという放棄できない原則を前提したうえで、教会が行政当局から認可を受けることは難しいことではない」と述べ、当局の介入を条件付きで容認した。

法王は繰り返し中国政府との対話を希望し、「対話の中から司教任命について共通認識に達し、完全な宗教の自由が尊重されることを通じて、カトリック信徒たちが信仰生活を全うし、聖座（法王庁）と北京政府の関係も正常化が実現する」と、関係正常化に至るプロセスを提示した。

書簡は、中国から問い合わせの多い疑問点にも答えている。最も深刻なのは、法王の任命を受けていない司教らが執り行うミサや洗礼などの秘跡が「有効」なのかどうか、という問題だ。法王は、「法王と交わりのない」（任命されていない）司教は教会法上、「非合法」な司教ではあるが、その任命の手続きがカトリックの規則に則ったものであれば、その司教は「有効」な司教であると認め、かれらの行う秘跡も「有効」であるとの判断を示した。中国の司教任命は手続き面で問題はなく、現在の中国の司教のすべてが「有効な司教」であると認めた。

これで法王にのみ忠誠を尽くす「地下教会」のメンバーたちが、政府公認の「公開の教会」に参加できることになった。法王は「地下教会」に与えていた「特権」の撤回も宣言した。1988年に出された「特権」は、過酷な弾圧に苦しむ「地下教会」の特殊事情に配慮して、司教が他の教区でミサなどを行うことを例外的に認めたものだったが、「公開の教会」と「地下教会」の融合を図るうえで障害となっていた。法王は「地下教会」の司教らの苦労を慰めつつも、「(これまでのいきさつを) 乗り越える」よう求めた。同時に法王から任命された「公開教会」の司教に対しても、(当局への配慮から控えている)「法王との交わりを一日も早く公表せよ」と迫った。法王は書簡の最後に、「キリスト者の助けの聖母」の祭日に当たる5月24日を「全世界の教友が一致して中国の教会のために祈る日」とした。

中国外務省は発表同日の記者会見で、「台湾との断交」「宗教の名による中国の内部事務への不干渉」という関係正常化の原則を改めて強調し、「バチカンは新たな障害を設けるな」と非難し、書簡が「新たな障害」になるとの認識を示した。

愛国会が7月25日に開いた成立50周年祝賀大会には党と政府の高官が列席し、出たばかりの法王書簡を一切、無視しただけでなく、法王の認めない「独立自主自営の原則」を自賛して、今後も堅持することを確認した。愛国会の劉柏年副主席は、前法王ヨハネ・パウロ2世が帝国主義列強の中国侵略に荷担したカトリックの歴史を謝罪したことを引き合いに出し、名指しはしなかったがベネディクト16世に対して「前法王を見習って、過去の歴史の教訓をくみ取り、(中国に与えた) 暗い影を払拭するよう」求める演説を行い、対抗意識を露わにした。

こうした強硬姿勢とは裏腹に、書簡の発表後に中国が再開した司教の任命では、5人とも法王も認める「二重承認」のケースになった。蕭沢江《しょうたくこう》協働司教(貴州教区)、李山《りざん》司教(北京教区)、呂守旺《ろしゅおう》司教（宜昌教区）、甘俊邱《かんしゅんきゅう》司教（広州教区）、李晶《りしょう》協働司教（寧夏教区）が新たに就任した。

書簡はバチカン側の考えを公にしたもので、関係正常化を目指す「ボール」は中国側に渡った。だが、中国政府にとっては受け入れ難い内容であり、本格的な反論が加えられることは間違いないが、2008年8月に迫った北京五輪への影響を配慮して、五輪の終了まで控える方針とみられる。

宗教政策が党規約に盛り込まれる

第17回中国共産党大会（10月15～21日）における胡錦濤《こきんとう》報

薛牧師らの労作、刊行

『原典現代中国キリスト教資料集――プロテスタント教会と中国政府の重要文献1950－2000』（富坂キリスト教センター編、新教出版社刊）が出版された。プロテスタントに重点が置かれているが、それだけでなく中国の宗教政策とその歩みを理解するための周恩来首相ら政府要人の講話、中国共産党の通達文書、政府の宗教行政法規等を丹念に集めて訳出している。

日本基督教団初の中国大陸出身の牧師として知られる薛恩峰《シュエエンフゥン》同センター主事（現日本クリスチャンアカデミー関東活動センター所長、写真）が、「外から批判するのは簡単だが、まずは中国ならではの国情の中にあるプロテスタント教会を日本の人たちに客観的に知ってもらいたい」との思いで発案し、日本の専門家たちの協力を得て7年かけて完成させた。「波乱に富む歴史を歩んできた中国教会の現状と宗教政策の特徴、その本質を浮き彫りにできた」↗

告は、「党の宗教政策の基本方針を全面的に貫き、経済・社会の発展を図るなかで宗教関係者と信徒の積極的役割を発揮させよう」と述べ、宗教の役割を肯定的に評価した。「党の基本方針」とは、「全面的かつ正しく党の『宗教信仰の自由』政策を行う」「法に基づいて宗教事務の管理を強化する」「宗教と社会主義社会が馴染むように積極的に導く」「独立自主自営の原則を堅持し、対外開放に伴う（反中国勢力の）浸透に対抗することが極めて重要」の4項目を指す。

大会で改定された党規約も、「党の宗教政策の基本方針を全面的に貫き、宗教を信仰する大衆を団結させ、経済・社会の発

↘と語る。

薛恩峰は1963年に陝西省咸陽《かんよう》市の牧師の家庭に生まれた。宗教弾圧の嵐が吹き荒れた文革の終結後、独学で日本語を学んで1986年に来日、同志社大学大学院で中国プロテスタントが独自の道を歩むことになった三自愛国運動の歴史を研究した。

牧師としては、「神戸で阪神淡路大震災に遭い、教会と地域のつながりの大切さを痛感した。これが牧師としての原点になった」。最近まで勤めていた東京の四谷新生教会で、近所の人たちを誘って毎週金曜日の朝、教会近くの迎賓館前で太極拳を始めたのも、そうした考えからだったという。

宗教界にも日本と中国の架け橋になる人材が登場した。

展に貢献させる」と宗教政策に触れた。党規約に宗教政策が盛り込まれるのは初めてだ。胡錦濤政権は、「和諧社会」構築に宗教界の積極的な参加と貢献を期待する。党中央政治局が開催する集団学習会の第2回（12月18日開催）のテーマにも宗教が選ばれた。

その他の動き

《カトリック》中国天主教愛国会主席で全人代副委員長の傅《ふ》鉄山《てつざん》司教（北京教区）が死去（4月20日）◆1958年に中国初の「自選自聖」司教に任命された董光清《とうこうせい》司教（武漢教区）が死去（5月12日）

《ロシア正教》義和団事件の殉教者追悼式が北京のロシア大使館内で行われた（6月24日）。中国では公認されていないが、信徒は約1万3000人。

《プロテスタント》中国布教開始200周年記念シンポジウム「伝教運動と中国教会」を開催（上海で11月28～30日）◆南京の愛徳印刷所で聖書5000万冊の印刷を達成、祝賀会開く（12月8日）。1987年に聖書協会世界連盟の全面協力で印刷が始まった。

《イスラム教》干支《えと》がブタ年となる春節を前に、中央テレビ局はブタのキャラクターをテレビCMで使わないよう広告会社に通達◆12月のメッカ巡礼で、中国からの巡礼者が初めて1万人規模になった。

《道教》第1回国際道徳経フォーラムが西安と香港で開催（4月22～27日）

《和諧社会》初の全国規模の「エイズ予防治療経験交流会」に、キリスト教系の11団体が参加（瀋陽で1月8、9日）◆公認5大宗教の代表が「和諧社会に邁進する提案」を発表（2月12日）

《北京五輪》中国外務省は、「中国政府は五輪選手村への聖書持ち込みを禁止した」との報道を「ためにするデマ」と否定（11月8日）

《宗教文化》北京に中国初の宗教書専門店「北京宗文書店」が開業（5月10日））

第4章

法輪功

政府を震撼させた抗議行動

日曜日の1999年4月25日、党と政府の要人が住む北京の中南海周辺は、未明から集まって来た高齢者や女性も目立つ集団の人間の輪で包囲されてしまった。プラカード一枚なく、スローガンを叫ぶでもない、整然と統制のとれた1万人を超す大集団による沈黙の抗議行動は、89年の天安門事件後、初めて民衆が起こした大規模な示威行動として、中国政府はもちろん世界中に衝撃を呼んだ。吉林省生まれの気功師李洪志《りこうし》(47)の創設した気功集団「法輪功」(法輪大法研究会)の修行者たちが、活動の合法化を求めて中央政府に直訴に及んだものだった。

きっかけは、天津師範大学発刊の『青少年科技博覧』誌4月号に、中国科学院の物理学者何祚庥《かそま》の法輪功を批判した論文「私は青少年が気功を行うのに賛成しない」が掲載されたことだった。大学に対して4月中旬から修行者たちによる抗議の座り込みが行われ、市公安局が幹部数人を連行した。これが中南海への直接行動につながった。4月25日、法輪功の代表は中南海の現場で当局に対して、天津の拘束者の釈放、出版物の認可など合法的な地位の承認、何祚庥の処分を要求した。事態の把握ができない当局は強硬策を取らず、座り込んだメンバーは夜11時には当局の用意したバスなどで整然と各地に戻っていった。

参加者たちは「自発的にやってきた」と言うが、北京、天津だけでなく遠く遼寧、山東、吉林、内モンゴルなどの省・自治区からも参加しており、その組織力は当局を震え上がらせた。当局が把握した修行者の2、3割が公的機関の職員だったことも、危機感を募らせた。当日、お忍びで視察した江主席は、「なぜまったく気づかなかったのか。我々への信頼はどうなる。これは党の将来にかかわる問題だ」と、公安当局の失態に激怒したといわれる。

徹底的な弾圧で封じ込め

前代未聞の事態に大きな衝撃を受けた江沢民政権は、ただちに調査に着手、法輪功の息の根を止める大弾圧に着手した。政府による批判キャンペーンは、4月28日の「大勢が集まった行為は完全な誤り」とする見解発表から始まった。6月14日、「修練に名を借りた迷信やデマの流布は許されない」と重ねて見解を出した。7月22日には中央テレビ局を通じた異例の特別放送で「非合法組織と認定し、活動禁止の措置を取った」と宣言

法輪功批判のキャンペーンを張る『中国宗教』1999年冬季号

した。①団体登記をしていない②迷信を宣伝し大衆を惑わせた③社会の安定を破壊するなど違法活動を繰り返した、ことが、社会団体登記管理条例違反に当たるとされた。 さらに翌日の新華社通信は、法輪功を気功集団ではなく「邪教」「カルト集団」と断罪する新聞出版署の論文を流した。それによると、④終末論を唱え、人類が滅亡に直面していると宣伝した⑤どんな政府も社会問題を解決できないと政府無用論を唱えた⑥法輪功だけが人類を救う唯一の大法と宣伝した、と「罪状」が追加された。政権を脅かす敵との政治闘争と位置づけたもので、公安省は李を公共秩序かく乱罪で国際指名手配した(7月29日)。米国在住の李を逮捕するため、国際刑事警察機構に捜査共助を求めたが、拒否された。身柄引き渡しを拒む米国政府向けに、「信者1400人が洗脳を受けて医療手当を拒否し死亡した」とカルト犯罪の印象を与える宣伝に努めた。

政府公認の宗教各界は直ちに法輪功を「邪教」と断罪した党と政府の決定を支持した。とりわけ中国仏教協会は、法輪功の教えが仏教用語を多用して仏教的な色彩が強いことから、強い危機感を抱き、批判の先頭に立った。同会の趙樸初会長は8月1日に特別談話を発表し、「仏教の帽子を被り、仏教用語を歪曲して盗用して、社会と大衆を騙しているが、法輪功は仏教でもなければ、正しい宗教でも本物の気功でもない」「今回の決定は人民と国家の災いを取り除き、『仏教まがいの外道《げどう》』を消滅させるもので、我が党と国家の政治思想戦線における偉大な勝利である」と強調した。さらに8月5日には、同会から全国の下部組織に宛てた「通知」を出し、「仏教団体と寺院の正常な活動と法輪功の区別をはっきりさせ、両者を混同する言説に対しては、辛抱強く説明せよ」と求めた。

取り締まりの法的裏付けを急ぐ全人代は10月30日、法輪功規制の新法「邪教組織の取り締まり、邪教活動の防止と処罰に関する決定」を採択した。最高検察院は取り締まりのための解釈を加え、政府転覆は最高で死刑、違法集会や国家機関・個人への多人数による攻撃は3年以上の懲役とするなど厳罰で臨む決定をした。同法を適用された逮捕者は政府発表で111人（11月4日現在）に上り、重刑の判決を受ける被告が相次いだ。12月26日に判決の出た元公安省幹部の李昌被告は懲役18年を宣告された。実質的な摘発は数千人に上るとの観測もある。

「我々は気功グループ、宗教団体ではない」と訴えるメンバーの抗議行動は各地で続き、北京に陳情に来て天安門広場で身柄を拘束される修行者が後を絶たない。米国など西側の国際世論は、日本のオウム真理教のように大量無差別殺人事件を引き起こしたこともない法輪功に対する中国政府の「人権抑圧」に、抗議の姿勢を強めている。

法輪功の教えと李洪志

中心的な教えは「真・善・忍」を掲げる。真実を信じ、善良な人間になり、苦難の多い社会を忍耐強く生きていこうと説く。日々の暮らしの悩みや病気は「業《ごう》」で、それらは前世の因果だとする。本人が耐えることでのみ解消でき、第三者の力で苦痛を軽減させたり解消することはできない。自分自身の修練で「業」をなくせば、来世はより次元の高い世界に行くことができると教える。こうした思想を、集団で気功を学ぶかたちで広げていく。

民衆が伝統的に受け入れてきた仏教や道教、儒教に通じる側面をもち、普及に当たっては修行者に金銭を要求せず、会員登録などもないことから短期間に組織を拡大できたとみられる。「修行の結果、末期のがんが治った」と効能を確信する熱心な修行者も少なくない。摘発直前の修行者数は、当局の推定で 200 万人、法輪功は「1 億人」と豪語する。中国国内だけで 1000 万人程度とみるのが妥当かもしれない。

李洪志の人物像は、こうした指導者の通例で神秘化されがちだが、伝記本などによると、1952年7月27日に吉林省公主嶺市で生まれ、「4歳から師について気功を学んだ」。さらに何人かの師についたという。市民としての経歴は平凡で、兵役を終えると、同省の武装警察支隊の歌舞団でラッパ手を務めた。結婚して一女をもうけ、30歳から地方政府の出先機関である長春市糧油供応公司の事務員として生計を立てた。

37歳の89年、「法輪功の定型を極めた」とされる。91年から法輪功の普及に全力をあげはじめ、92年に最初の法輪功研究会を長春で設立した。同年の東方健康博覧会に参加したことが、法輪功を全国的に広めるきっかけとなった。94年、法輪功の神髄が書かれた『轉法輪』を出版した。しかし、その内容が、所属した中国気功科学研

法輪功の創始者・李洪志を表紙にした香港出版の『李洪志評伝』と法輪功の教えを記した李洪志著『転法輪』の日本語版

究会の批判を受け、96年に気功集団としての当局公認の資格を失い、除名された。国家新聞出版署は『轉法輪』などの出版物を発禁とした。

このため李は米国移住を申請、98年に認められて米国に渡り、グリーンカードを取得した。以来、米国を拠点に国際的な普及活動を続ける。法輪功には知識人が多く、各地の活動の中核になっている事情もあり、宣伝、普及活動にはインターネットを積極的に活用する。4月25日に示した組織力は、電子メールなどを駆使した情報力を抜きに語れない。修行者は欧米や香港、台湾、日本などにも広がっている。

「邪教」か「気功集団」か

李は、法輪功が非合法化された99年7月22日に抗議声明を出し、その中で「法輪功は大衆的な練功（気功修練）活動で、なんらの組織も政治目的もない。これまで反政府活動を行ったこともない」と反論した。4月25日の集団抗議行動に関しては、「当時、オーストラリアに向かうため北京でトランジットしただけで、北京でどんなことが起きたか何も知らないまま、北京を後にした」と関わりを全面的に否定した。ただし当局は、李洪志が事件前日の4月24日、北京に滞在したのは明らかだとしている。

当局の「迷信」批判に対しては、「人類社会のあらゆる理論より高級な宇宙の法理を否定するのは徒労である。人類社会の

返還5周年記念で香港入りした江沢民主席に抗議する集会を開く香港の法輪功メンバー／2002年6月30日、香港で清水勝彦撮影

道徳が全面崩壊に瀕している今日、偉大な宇宙が慈悲で人類に最後の機会を与えたが、人類は私欲でその最後の希望を破壊し、天地を怒らせてしまった」「宇宙は人類のために存在しているのではない。人は最低次元の生命的存在であり、もし人類が宇宙という生存の根拠を失えば、宇宙の歴史から淘汰されるだけである。人類よ、目覚めよ」と持論を展開した。終末到来の危機感と人類救済観を明確に打ち出している。宗教を構成する要素として必要な「信仰の対象（神や仏）」「教義」「教会組織」などが整っているかどうかは別として、李の発言内容には宗教的な色彩が強いことは確かだ。

「法輪功現象」について、さまざまな解釈が試みられている。

改革開放が進み、市場経済時代に突入した結果、競争社会から落ちこぼれる大量の人たちが出てきた。価値観の激変に自信を喪失した弱者たちが、精神的な拠り所を求めている時代背景が指摘される。

こうした人々の悩みに対し、当局に管理されている魅力のない既成宗教は受け皿になれない。一部は庶民の意識に敏感な非合法の新興宗教に救いを求めた。気功グループの一部分が新興宗教同様、その受け皿になれるのは、気功ならではの伝統と土壌がある。気功には健康体操と変わらないものから、修行によって「特異効能（超能力）」が獲得できることを売り物にする、宗教との境目があいまいなグループまで幅広い。しかも、気功は健康に気を使う民衆にとって昔から馴染み深い存在であり、取り締まりの厳しい新興宗教より活動が自由に行えるメリットがある。当局も、「封建迷信」に通じる気功集団には目を光らせ、管理強化に踏み切っているが、集団の数は公認、小人数の非公認グループまで合わせれば数千とも数万ともいわれ、とても監視の目が届かないのが実情である。

第2、第3の法輪功

容認限度を超える気功集団と当局の取り締まりは、これまでもモグラたたきのように繰り返されてきた。89年の天安門事件前後に摘発された「自然中心功」もそのひとつだった。青海省の劇団の女優だった張香玉《ちょうこうぎょく》が、85年に超能力を自覚して始めたものだ。北京に出てきて気功研究所を開き、口コミで「病気が治る」と聞きつけた人々が連日、全国から数千人も押しかけ、ついに当局の目に留まることになった。張は「交通妨害罪」容疑で身柄を拘束され、出版物の発禁処分、官製メディアを動員した「封建迷信」のキャンペーンが展開された。「気功で精神に異常をきたした」事例も「暴露」された。海外では知られなかっただけで、今回の取り締まりと基本はまったく同じだ。「自然中心功」のメンバーは、弾圧後も隠れて修行を続けていたが、「教祖」を失い、間もなく消滅した。

当時と現在が決定的に違うのは、当時は流血の天安門事件直後で、民衆が当局に面と向かって物申すような社会状況になかった。市民意識の目覚めも最近のことである。しかも最大の相違は、集団側がインターネットなどの当局の規制が及ばない有力な情報手段をもたなかったことだ。海外の反応もリアルタイムで期待できる。

法輪功に続き、「中華養生益智功」(中功) が次の摘発対象になっている、と報道された。摘発の法的根拠を手にした当局は、体制に脅威となる気功集団をすべて根絶する方針とみられる。しかし、こうした気功集団や新興宗教が、価値観が混乱した社会で一種の「息抜き」「安全弁」になっていた側面も無視できない。これからも、第2、第3の「法輪功」が登場すると観測される根拠はそこにある。

第5章

ダライ・ラマ、自らの「死」を語る

「法王に万一のことでもあれば……」

チベット仏教の最高指導者であるダライ・ラマ14世が、自らの「死」に言及したことがあった。

米『タイム』誌のインタビュー（2004年10月18日号掲載）で、「中国はあなたの……その……ナニを待っているという人もいるが」と水を向けられると、ダライ・ラマは「私の死をネ」と気さくに質問を引き取り、こう語った。「ふたつの見方がある。ある人はダライ・ラマが死ねばチベット問題は消滅するという。もうひとつの考え方は、私が死んでも問題はなくならず、むしろますますひどくなる。その時にチベット人を導き、説得する人はおらず、チベットはさらに制御が難しくなるというものだ。どちらが正しいだろうか、私にはわかりません」

そして例のハッハッハという人なつこい大笑いとともにこう続けた。「私が死ぬまで待ちなさい。そうすれば現実が答えてくれるでしょう」

ダライ・ラマは2005年7月6日に古希を迎えた。チベットに関心を寄せる人々の「ダライ・ラマ法王に万一のことでもあれば……」という懸念が年を追って強まっているのも事実である。

法王が指摘した最初の見方こそ、実は中国政府が長年採ってきた「ダライ・ラマの死を待つ」戦略なのだ。

そもそも中国にとってのチベット問題とは——多民族国家である中華人民共和国の「大家庭の良き一員」であるべきチベット民族に「分離」(つまり独立) を画策するけしからぬ勢力が存在する。それを背後で操っているのが1959年にインド亡命後もしぶとく勢力を保っているダライ・ラマだ。カリスマ性のある指導力は一党独裁を堅持する中国共産党を脅かす危険な存在だ——というものである。

だからダライ・ラマが死ねばやっかいな問題は一挙に解決することになる、と中国の指導者たちは考えてきた。現在のダライ・ラマ14世が亡くなれば、チベット仏教の転生制度の伝統に従い、「生まれ変わり」の幼い15世を探すことになる。中国政府はその主導権を握り、見つけ出した子どもを中国共産党を賛美するダライ・ラマに育て上げる魂胆だ。

チベット自治区のチベット人最高幹部であるラディ自治区党副書記は2001年夏、取材に訪れた香港のマスコミに対してこの段取りを得々と語っているから、「共産党賛美ダライ・ラマ養成作戦」は隠し事ですらない。

すでにその予行演習が着々と進んでいる。法王の亡命後も中国に留まった宗教指導者、パンチェン・ラマ10世の後継者育成だ。

中国政府は10世が1989年に死去すると、その「生まれ変わり」探しを始めた。ところが、インドにいる法王がチベットから極秘に送られてきた詳細な情報に基づいてある少年を11世と認定し公表してしまった。先を越されて慌てた中国政府はそれを無効と主張し、半年後に「伝統に正しく則った」くじ引きによる方法で別の少年を11世と認定したのだった。95年のことだ。

法王が認定したゲドゥン・チューキ・ニマ少年は6歳だったその時以来、いまもって家族ぐるみ行方不明である。海外の人権団体が面会を要求しても中国政府は拒否し続けている。「世界最年少の政治囚」（アムネスティ・インターナショナル）になってしまった。一方、官製パンチェン・ラマ11世は、政府の監視の下で修行を積んでいる。春節（旧正月）などになると、胡《こ》錦濤《きんとう》国家主席らの接見を受け、テレビカメラの前で「祖国統一、民族団結、仏法弘揚のために努力します」と共産党への忠誠を誓わさせられている。

無神論者の共産党がチベット仏教の転生制度を最大限利用する気なのに対して、法王ら亡命政府側にとって代替わりはやむをえないことながら、極めて不利な状況に置かれることになる。「2人のパンチェン・ラマ」と同じく、不幸にも「2人のダ

ダライ・ラマ14世 / ダライ・ラマ法王日本代表部事務所提供

ライ・ラマ」が出現する事態になったとしよう。「本物」のダライ・ラマ15世が成人して指導力を発揮できるようになるまで恐らく20年はかかるだろう。亡命政府側はその間、指導者不在を耐え忍ばなければならない。

中国「対話」に戦略転換

時の流れは中国側に味方していると考える「法王の死去を待つ」戦略を方針転換したのが、「改革開放の総設計士」といわれ

『中国宗教』2001年第４号の「チベット平和解放50周年」特集は、「チベット人民の宗教信仰の自由は尊重、保護されている」と主張した

た鄧《とう》小《しょう》平《へい》だった。「（チベット）独立以外の問題は対話を通じて解決できる」と言い切り、1978年末、法王に対話を呼びかけた。亡命政府にチベットの現状を自分の目で直に見るように勧め、85年までに計4次のチベット訪問団を受け入れた。鄧は法王率いる亡命社会が弱体化したと判断し、条件次第で法王を取り込めると考えたようだ。しかし、中国側は訪問団を熱狂的に迎えるチベット民衆に脅威を感じ、亡命チベット人社会も事実上の「独立放棄」を認めるほど譲歩できる情勢にはなく、86年に対話は途絶えた。

中国が再び対話に踏み出したのは、江沢民時代末期の2002年9月だった。法王の特使ロディ・ギャルツェン・ギャリらを中国に招き、対話再開で合意した。胡錦濤時代に入ってからも対話は続けられ、05年6月の第4回会談は初めて場所を第三国に移し、スイスのベルンにある中国大使館で行われた。

胡錦濤政権は法王が健在なうちに法王を交渉相手としてチベット問題に決着をつけようと腹を固めたようだ。「法王が死去すれば万事解決」という待ちの戦略は影を潜めてしまった。もちろん、法王死去までの時間稼ぎ、法王との対話を迫るブッシュ米大統領ら欧米の圧力をかわすためのポーズに過ぎない可能性も否定はしきれない。

中国が戦略を変更したとすれば、その大きな要因は、法王が自らの「死」後に予想した第2の可能性、つまり法王亡きチベット社会に起きるであろう大混乱を中国にとってもマイナスと判断したことだろう。

チベット自治区は05年9月1日、自治区成立40周年を盛大に祝った。チベット高原に初めて敷設される鉄道となる青蔵鉄道は、チベットと中国をさらに一体化させるシンボル的存在でもある。その工事が07年の開通を目指して順調に進んでいることもあり、同日付の共産党機関紙『人民日報』の社説は、「40年来のチベットの歴史的変化が雄弁に証明するように、中国共産党の指導があってこそ、祖国の大家庭の懐に抱かれたからこそ、中国の特色ある社会主義の道を歩んだからこそ、チベットに今日の繁栄と進歩があり、よりいっそう素晴らしい未来がある」と自画自賛した。

だが、こうした景気の良いプロパガンダにもかかわらず、胡錦濤政権の本音は、「いつまでたってもチベットの民心が掌握できない」という不安、焦りであるに違いない。彼らがそんなことをおくびにも出すはずもないが、そう推測して誤りではない数々の傍証がある。

官製パンチェン・ラマの不人気

まず誰の目にも明らかなのは、15歳になった官製パンチェン・ラマ11世の不人気だ。チベット仏教の伝統では、ダライ・ラマとパンチェン・ラマは代々、互いに師となり弟子となって教え・学び合う関係とされ、パンチェン・ラマは民衆の篤い信仰の対象である。

10世も例外ではなかった。チベット仏教の禁を犯して妻帯した10世にはアメリカに住む娘がいるが、その父親似の娘がこのほどチベットに里帰りしたところ、「10世の娘」ということで熱烈歓迎を受けたという。

だが、官製のパンチェン・ラマ11世を見る庶民の目は冷たい。「共産党の操り人形でしょう」の一言だ。2004年秋、おもしろい「未確認情報」が外電で流れた。

「昨年（03年）6月、中国当局は偽パンチェン・ラマの権威付けのために、10世の故郷に連れて行き、10世の母親と対面させた。母親が『あなたはパンチェン・ラマの生まれ変わりなのか』と尋ねると、彼は違うと認めた。慌てた当局は偽パンチェン・ラマとチベットの著名人との接触を禁じ、母親には処罰を与えた」というものだ。事実とも思えないが、いかにもいまの官製パンチェン・ラマを包む空気が伝わってくるようだ。

亡命した法王への精神的な対抗軸に育てようという目論見が外れてしまったのは、中国政府にとっては計算外のことだったろう。

2000年初めには、四大宗派のひとつカギュー派の最高位の活仏であるカルマパ17世のインド亡命事件が起きた。「(中国領の) チベットには教えを受ける高僧がおらず、カルマパとしての修行に差し支える」というのが、17歳で亡命した動機だった。

カルマパ17世は中国政府が初めて転生制度に介入して「生まれ変わり」と認定した活仏だった。法王も認めており、双方が承認した「生まれ変わり」の第1号でもある。中国は官製パンチェン・ラマ11世ともども、自らの宗教政策の広告塔にしようと大いに期待していた。それだけに亡命事件は、中国が「チベット民族の宗教を尊重し、信仰の自由を保障している」と声高に主張してきたことが宣伝に過ぎなかったと、全世界に知らせる結果となった。

しかも、チベットから法王の影響力を極力薄めようという、かんじんの努力がまったく実を結ばないのだ。

仏教徒であるチベット民衆にとってダライ・ラマは観音菩薩の化身と信じられており、信仰の対象になっている。共産党がなんといおうと、日々、その長寿を祈るのが仏教徒の勤めであり、民家の仏間には必ず法王の写真が安置されている。チベット自治区の区都ラサの土産物屋は、おおっぴらに法王の写真を並べて売った。ついに業を煮やした当局は94年、法王の「写真狩り」を始めた。その結果、街頭で公然と売る光景こそなくなったものの、人々は写真を他人の目に触れない場所に移しただけで、引き続き熱心に拝んでいる。

在日チベット人のペマ・ギャルポ桐蔭横浜大学教授は、チベット民衆におけるダライ・ラマの存在を、「天皇陛下が神様だった戦前における、天皇陛下と日本人の関係に似ています」と説明する。

無神論者たちの集団である共産党もこうした数々の手痛い教訓から、単に生活を向上させるだけではチベット民衆の「心」を掌握できないことを学んだに違いない。

法王側の姿勢の変化も、中国の戦略転換に大きな影響を与えたはずだ。

法王、独立を求めず

そもそも、法王と亡命チベット人たちにとってのチベット問題とは、チベット国を侵略、占領した中国を追い出し、チベットに戻って再びチベットの宗教文化を花開かせることだった。

だが、1959年の亡命からあまりに長い歳月が過ぎたことを、法王らも認識せざるを得なかった。中国がチベットで積み重ねてきた「現実」もやはり無視はできない。しかも、法王が切れるカードは決して多いといえない。非暴力・平和主義を掲げる法王が「中国に侵略されたチベット国」を武力で奪還するシナリオなどありえない。

頼りは国際世論である。尻すぼみ気味だった亡命チベット人に対する海外の関心は、北京で第2次天安門事件の起きた1989年に法王がノーベル平和賞を受賞すると一転してかつてない高まりを見せた。その国際世論の力で中国に対話のテーブルに着くよう働きかけようというのだ。

このため法王は80年代後半から徐々に非現実的な独立に拘らなくなった。最近では、「私が中国政府にいま一度保証したいのは、私がチベット問題に対する責任者である限り、私はチベットの独立を求めない『中道アプローチ』を採ることを全面的に約束する。中華人民共和国の一部であり続けることに異存はないということだ」(2005年3月10日のチベット民衆蜂起46周年法王声明) と度々、公式の場で「独立」の意思を否定している。しかも、「私たちがチベットに帰り、ある程度の自由を与えられるのであれば、私自身はチベット政府における役職やその他のあらゆる政治的立場から離れるつもりであり、現在のチベット亡命政府は解散すると、92年の公式声明ですでにはっきりと述べている」(同) と念を押している。

胡錦濤政権は、こうした法王の発言の変化を十分に知りつつも、「ダライ・ラマはチベット分離勢力の頭目である」とする公式見解を変えていない。だが、内心では、鄧小平のチベット問題に関する遺言ともいえる「独立以外の問題は対話を通じて解決できる」という原則を守ったうえで、ダライ・ラマと交渉できる情勢になったと手応えを感じているはずだ。

中国共産党の「輝かしい歴史」の中には西安事件という良き前例がある。抗日戦争の最中の1936年、軍閥の張学良は抗日よりも共産党退治に熱心な蒋介石を軟禁して内戦停止を迫った。この事件は、共産党にとっても国民党の最高実力者である蒋介石を亡き者にする絶好機だったが、毛沢東らは逆に張学良を説得して蒋を釈放させたのだった。

「蒋介石不在でバラバラとなる国民党よりは、蒋を相手にした方が交渉の実があがる、という深慮遠謀があった。後の歴史が党の英明な判断を証明した」というのが党史の見解である。「蒋介石」を「ダライ・ラマ」に置き換えてみれば、中国の狙いがよくわかる。

いま、チベットに関心を持つ世界中の人々が注目しているのが、両者の対話の中身とその行方である。だが、中国政府、法王側いずれも具体的な内容を明らかにしていない。

中国政府はこれまで一貫して、「チベット独立の主張と分離活動を完全に放棄する」「チベットは中国の一部である」「台湾は中国の一つの省である」の3点を、ダライ・ラマが認めることが正式な会談開始の条件だと主張してきた。

今回の対話でも当然、この3点の確認と実行の保証を強く迫っているはずだ。

一方、ロディ特使は第1回対話の後、「誠意ある雰囲気の中で率直に意見交換した。(特使の目的は) 中国政府指導者との直接会談を再設定し、ダライ・ラマのチベット問題解決のための『中道アプローチ』を説明することだった」 と説明した。「中道アプローチ」とは、「我々は独立を求めていない。(我々が求めるのは) チベット人が独自の文化、宗教、言語、生活様式を発展しうる真の自治を与えられることだ」(2002年・蜂起43周年法王声明)

法王の求めるこの「高度の自治」の内容を巡り、激しいやりとりが行われていることは想像に難くない。

いま、外部で取りざたされている両者の対立点がいくつかある。そのひとつが、「チベット」の地理的な定義問題だ。法王は青海省と四川、甘粛、雲南の一部をも含むチベット圏全体であると主張し、この点で妥協の余地はない。チベット自治区だけを「チベット」と限定する中国政府にしてみれば、チベット問題を拡大して不安定要素を増やす恐れが強いだけに、やはり譲れない一線となる。

法王は「高度の自治」の具体的な中身の一案として、英国から返還された香港のような「一国二制度」を要求している。鄧小平が発案したこの制度は、軍事と外交を除く権限を香港に与え、自由主義経済体制を50年間保証するものだ。だが、中国政府は「歴史的にも中国の領土の一部だった」チベットと植民地香港と同一視できないと突っぱねている。

チベット帰国を希望する法王の処遇も争点になるだろう。鄧小平時代に中国側は法王に名誉職を用意する代わりに、北京に足止めしてチベットには行かないよう提案したとされる。「チベットは中国の一部ではなく、昔から独立した国家だった」とする立場の法王側にすれば、チベットに戻れないのであれば「軟禁」「人質」でしかない。

両者の間に広がる溝はとても深い。対話の行方は双方が納得できるチベット問題の解決に向かうのか。それともまた暗礁に乗り上げ、中国は再び「死を待つ」戦略に後戻りしてしまうのだろうか。

ひとつのヒントがある。中国政府が2004年5月に発表したチベット白書「チベットの民族区域自治」である。

「生あるうちに」解決は可能か

チベット白書は、中国が自国のチベット政策の正当性を国際社会、とりわけ米国にアピールするためにこれまでにも何度も出されている。2004年の白書が注目されたのは、「チベット人民は信仰の自由を享受している」「チベット人民は自治権を享受している」等々と長々と書き連ねた最後をこう締めくくっている点だった

「ダライ・ラマは現実を直視し、情勢をしっかり見極め、『チベット独立』の主張を放棄し、生あるうちに国家とチベット地方の発展のために有益なことをするよう希望する」

「生あるうちに」の表現に注目してほしい。中国政府はダライ・ラマが健在なうちに、交渉でチベット問題を処理する用意があると内外にメッセージを送っているのだ。

この文面からは、ダライ・ラマから最大限の譲歩を引き出せるという中国の自信が読み取れる。さらに、ダライ・ラマが、渋々飲まされた譲歩案をチベット民衆に説明し、なだめて納得させる役回りを「喜んで」果たすに違いないとの確信すら透けて見えそうだ。

中国チベット学研究センターなどが編纂した『ダライ・ラマ13世の圓寂と14世の継承に関する資料集』。14世の死去に備えた研究が進んでいる

中国は交渉を有利に運ぶために打てる手もどんどん打っている。2005年3月に施行された中国初の包括的な宗教法規となる宗教事務条例は、その第27条で、「(生まれ変わり認定は)仏教団体の指導の下に、宗教上の定められた方法に従い、市級以上の人民政府の宗教部門ないし人民政府の承認を求める」と規定し、官製活仏の認定に法的根拠を与えた。

法王もそうした事態は予測していたに違いない。すでに

1999年の64歳誕生日に、「ダライ・ラマはチベット本土（中国領土を指す）には生まれ変わらない」と宣言している。転生とは、現世でやり残した仕事をさらに続けて行うためのものだとされている。「共産党賛美のダライ・ラマ」にされることが分かり切っている中国領土内に生まれ変わるはずもないことは、転生の道理に適ったことだ。将来、中国がダライ・ラマの「生まれ変わり」を認定したと主張しても、それは「偽者」だと先手を打って宣言したことになる。

いずれにせよ交渉は法王側にとってますます厳しいものになっていくだろう。それでも良いのか。

法王の兄の一人で、鄧小平時代の対話を担ったギャロ・トンドゥプは05年7月、東京でチベット問題に関心を持つ日本人らと会った際、「だって、我々には交渉しか採るべき方法がないのですから」と語っていた。

だが、中国は米国などの「強者」にはやむなく譲歩するが、独立を志向する台湾や「歴史的和解」を望むローマ法王庁などの「弱者」には一歩たりとも譲ったことがない。法王のやり方は甘いと思うのだが、チベットの人々にそれを面と向かっていえる日本人が果たしているだろうか。

第6章

中国と台湾を結ぶ媽祖信仰

世界に広がる航海の守護神

横浜中華街に2006年3月17日、華人たちが信仰する女神「媽祖《まそ》」を祀る媽祖廟が完成した。賑やかな街の一角にある牌楼をくぐればそこは信仰の世界だ。八角形の廟堂の正面に媽祖の木像が安置されている(写真①)。以前から媽祖廟を望む声が強く、そこにたまたま中華街の発展に不向きなマンション建設の話が持ち上がったことから、その土地を買収して建立したという。約140年の歴史をもつ関帝廟に続き、中華街に住む人々に新たな信仰の拠が誕生した。

青森県大間町は毎年7月の「海の日」に大漁祈願祭に併せて天妃様行列を行う。天妃は媽祖の別称である。天妃山があるのは茨城県だ。長崎市の崇福寺(黄檗宗《おうばくしゅう》)には媽祖堂があり、媽祖行列が長崎名物のランタン・フェスティバルを盛り上げる。鹿児島県南さつま市笠沙町の野間神社はかつて娘媽《ろうま》権現とも呼ばれていた。娘媽もまた媽祖の別名だ。中国から入ってき

写真①　横浜中華街に造られた媽祖廟に祭られる媽祖像／清水勝彦撮影

た媽祖は今も青森から沖縄まで 7 府県で祀られているという。

媽祖は宋代（10 世紀ごろ）に今の福建省沿岸に浮かぶ湄洲島に実在した林姓の巫女だったという説が有力だ。予知能力があり、遭難した漁民を助けたり、海難事故を未然に防いだという伝説が残っている。没後も霊験あらたかで、航海の守護神になった。媽祖研究の第一人者である朱天順アモイ大学台湾研究所教授が日本語で書いた『媽祖と中国の民間信仰』（平河出版社、1996 年）に詳しい。媽祖信仰は華僑の進出とともに各地に広がり、ベトナム、シンガポール、フィリピン、インドネシア等の東南アジア一帯から遠くは米国、フランス、デンマークなど欧米各地にまで計 17 カ国に廟が建立されている。

写真②　フェリーで湄洲島に渡る台北から来た信徒たち。膝に抱えているのが台北で祭っている媽祖の分身像や他の神々／写真提供・朝日新聞社（2000年9月15日掲載）

媽祖の総本山（祖廟）がある中国福建省莆田市の湄洲島を1999年に訪れた時のことだ。人口3万6000人の小島に渡るフェリーに乗り合わせたのは台北市内から来た29人の団体だった（写真②）。地元の廟に祀る媽祖像の「里帰り」だという。台北国際空港からまず香港に渡り、さらにアモイ、福州を経ての長旅だった。総本山で分けてもらった分霊は「3年に1度は里帰りする」という昔からの言い伝えがあるからだ。総本山の香炉の灰を持ち帰り、自分たちの廟の香炉に入れると霊性が高まるとも信じられている。総本山が強い求心力を持ち続ける民間信仰なのだ。

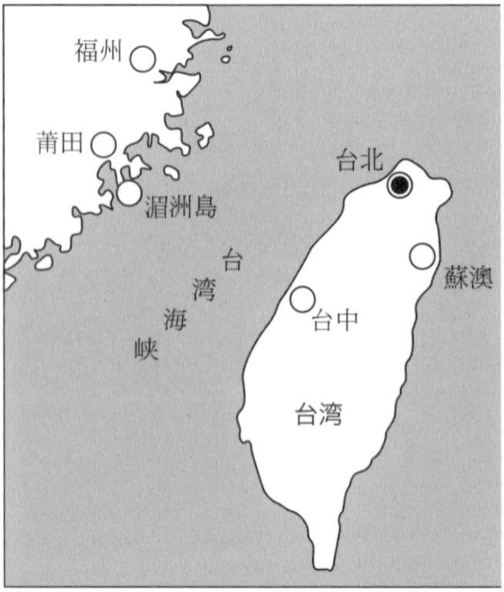

湄州島　福州と泉州の間にある湄州湾内の小島（14.35km²）。媽祖昇天の地とされる

10分足らずで島が近づくと、なだらかな丘の頂《いただき》にそびえる高さ14mの大立像（写真③）がまず目についた。

1991年に建てられた媽祖のコンクリート像は東方海上170km先の台湾の方角に穏やかな顔を向けている。

島の中心部を占める広大な総本山には媽祖を祀る正殿（写真④）を頂点に鐘鼓楼や寝殿など32の施設が広がっている。

祖廟管理委員会の林金榜理事長は、「台湾から年間10数万人が参拝に来る。ここで作られる媽祖像は毎年、500体以上も台湾に渡っている。こうした分霊が次々と里帰りしてくるのです」と説明する。「台湾では若い人も信仰熱心です。大陸では沿岸部に信仰が限られており、しかも高齢者がほとんどです」。事実、文化大革命で破壊された施設を再建したのは台湾からの寄付金だった。総本山には、台湾の著名な媽祖廟である台北県順天宮や新港奉天宮などが献じた扁額が所狭しと並べられている。

写真③　湄州島にそびえる媽祖の立像。台湾の信徒たちの寄進で建てられた
清水勝彦撮影

写真④　媽祖総本山の正殿。台湾からの参拝が絶えない／写真提供・朝日新聞社（2000 年 9 月 15 日掲載）

台湾人の８割が「拝拝《パイパイ》」

台湾の篤い信仰ぶりは至る所で目にできる。台湾最大の宗教行事といわれるのが、台湾中部の台中県にある大甲鎮瀾宮の「7泊8日の媽祖巡幸」である。

沿道で迎える信徒は約100万人。道路に一列になってひざまづき、媽祖が乗った神輸の下をくぐる姿は壮観だ（写真⑤)。2000年春、台湾初の政権交代を実現させた総統選挙が行われたが、選挙期間中にあった大祭の日には陳水扁ら候補者全員が顔を見せて、媽祖に必勝を祈願した。

同じく台湾中部の彰化県にある合興宮には、人の大きさもある錆びた不発弾が展示されている。信徒団体の小冊子『媽祖の奇跡』によれば、1944年8月のある朝、日本軍の基地のあるこの地を米軍爆撃機が襲った。爆弾は大木をなぎ倒し地面に大きな穴を開けた。爆発していたら近くで草取りをしていた農民に多数の犠牲者が出たことだろう。戦後、「米軍からもたらされた話」によると、爆撃機のパイロットは「古代の赤い衣装の女性が空中に飛び上がり、爆弾を抱きかかえる不思議な光景を見た」と証言していた。その話を裏付けるかのように「媽祖像の人さし指がもげ、衣が裂けていた」。媽祖に命を守ってもらったという話は各地で聞かれる。

九州を一回り小さくした国土の台湾には、大小約1000の媽祖廟がひしめく。多神信仰の土地柄だけに、主神が他の神様の

写真⑤　「７泊８日の媽祖巡幸」の御輿（写真奥）を、道路にひざまずいて待つ台湾の信徒たち。御輿の下をくぐると御利益があるとされる／写真提供・朝日新聞社（2000年４月17日掲載）

廟にも媽祖が祀られていることが少なくない。台湾で最も人気のある神様といって良いだろう。航海安全の神様から庶民のあらゆる願いを聞き届けてくれる神様となり、人口2200万人余りの台湾人の8割が媽祖に「拝拝《パイパイ》」(お参り) している。

台湾は過去約400年の間に対岸の中国福建から次々と台湾海峡を渡ってきた人々の子孫が住む移民社会である。台湾人の先祖の墓は大陸にあり、信仰する神々のルーツも大陸にある。台湾と中国が政治的に対立している現在、媽祖も現代政治のしがらみと無縁ではいられない。

1949年、中国共産党との内戦に破れた蒋介石・中国国民党政権は台湾に逃げ込み、大陸反攻を夢見た。中国政府は台湾解放を「中華民族未完の大事業」と位置づけ、緊張が続いた。それがやや緩んだのは1987年7月、台湾で39年に及んだ「世界一長い」戒厳令が解除されてからだ。同年11月には香港など第三地を経由すれば台湾から大陸への里帰りが認められ、長い間禁

世界一長い戒厳令

台湾では 1949 年～ 87 年の 38 年間、戒厳令が敷かれた。戦争や大災害など非常事態の際、一時的に敷かれる戒厳令がこのように長期間つづいた例はない。その間、台湾の人々は言論の自由など市民的権利を奪われ、恐怖政治の下で過ごした。きっかけは 1947 年の 2・28 事件。約半世紀の間、日本の統治下にあった台湾は、1945 年 8 月、日本の敗戦で中国国民党政権・中華民国の 1 省＝台湾省に編入され、大陸から蒋介石率いる国民党政府の官僚や軍人がやってきて行政を引き継いだ。当初、本省人（台湾人）は台湾の「祖国復帰」を喜び、大陸から来た国民党政府の官僚や軍人ら（外省人）を歓迎したが、やがて彼らの腐敗・横暴に強い不満が高まった。1948 年 2 月 27 日、台北でのヤミ煙草取り締まりめぐる民衆と当局との衝突が発生。翌 28 日以降、台湾住民の決起に発展。蒋介石総統派遣の援軍が武力で鎮圧し、1 万 8000 ～ 2 万 8000 人が犠牲になったという。国民党政府は 1949 年 5 月、戒厳令を布告。同年 12 月、中国共産党との内戦に敗れた国民党政権が南京から台北に移った。

以後中国と台湾は台湾海峡を挟んで厳しく対立した。東西冷戦の時代、国連ではアメリカの後ろ楯もあって台湾が中国を代表する政権として認められていたが、71 年国連を追放され、その虚構も崩れた。75 年 4 月蒋介石死去。後を次いだ長男の蒋経国総統（88 年死去）は反体制派の民主化要求が強まる中の 86 年、国民党以外の政党の結成を承認、また大陸への里帰りを解禁、87 年戒厳令解除に踏み切った。

蒋経国の死後、李登輝が本省人として初の総統に就任、本格的な民主化時代が始まる。台湾が中国に属する一地域なのか、別な「国」なのかという問題は未解決で、両者の間では台湾海峡を挟んだ軍事的緊張が今なお続いているが、人的・経済的交流は進んでいる。

写真⑥　台湾・蘇澳の林源吉・漁協組合長は、「こんな漁船で総本山に直航した」と語る／ 1999年7月13日、清水勝彦撮影

止されていた人的・経済的交流がようやく再開した。

「媽祖様に尋ねたら里帰りしたいという卦が出た。神様の頼みだからしかたない」。こういってニヤリと笑うのは、台湾の太平洋側にある蘇澳漁港の林源吉漁協組合長（写真⑥）だ。台湾全島を揺るがした1989年5月の「宗教直航」事件の首謀者である。林さんら200人は漁船20隻の船団を仕立て、地元・南天宮のご神体5体を乗せて 湄洲島の総本山まで公然と「国禁破り」の里帰りをやってのけた。第三地に寄らない直航なので20時間で着いてしまった。中国側の大歓迎を受けた。台湾政府はいまでも中国との直航には安全保障上の理由から慎重で、厳しい制限をつけている。ましてや当時は、1年半前に香港経由の大陸訪問が認められたばかり。「宗教直航」を敢行する廟が出てくるなど、台湾政府にはまったくの想定外だった。林さんは懲役4カ月（執行猶予付き）の有罪判決を受けた。だが、平和だった時代には漁民たちは気軽に台湾と大陸を往復していたのだ。中断させられていた里帰りを「媽祖様が望んだ」としても不思議ではないだろう。

台湾独立を党綱領に掲げる民主進歩党の陳総統は中国と距離を置くことに腐心しているが、「(台湾)政府は宗教界の大陸参拝活動に制限をつけるべきではない。(中国と台湾は）媽祖を架け橋として互いに共有する血縁、信仰、文化の基礎の上に交流を進めていくべきである」といわざるを得ない。但し、「台湾の民心を分裂させようと狙う中国の策動を利してはならない。媽祖を『悪者』にしてはならない」と釘を刺す。媽祖を中国の統一戦線工作の道具にさせるなと訴えるのだ。

中台統一のかすがいに

「媽祖こそ平和の使者。明の遺臣・鄭成功が台湾からオランダを追い出せたのも媽祖の加護があったから。今の世でも（中台）統一に役立ってほしい」。中国政府の宗教管理部門である国家宗教事務局の幹部はこう期待する。先に紹介した朱教授の主張はもっと直裁で、「台湾独立を主張する媽祖はありえない。祖国への求心力を強める存在であり、統一戦線工作に利用しない手はない」というものだ。「台湾の人たちにとって湄洲島はイスラム教徒のメッカと同じ」というのは総本山をかかえる莆田市の市長である。

言われるまでもなく中国は「中華民族の心のルーツ」媽祖を最大限に利用する構えだ。2004年春に中国が嫌う陳総統が再選されるや、その年11月に中華媽祖文化交流協会を発足させた。「全国初の媽祖文化のNGO」と対外宣伝するものの、実態は民間を装った準官製組織である。統一戦線工作の最高責任者である賈《か》慶林《けいりん》・共産党中央常務委員が祝電を寄せた設立総会では、複数名の副会長職に台湾の大甲鎮瀾宮の責任者らを就任させる人事を決めた。陳総統が恐れる「台湾の民心を分裂させる策動」である。

チベット仏教やイスラム教への対応でも露骨なのだが、無神論の共産党が一党独裁を続ける中国は、実は宗教の政治利用に極めて長けた国家なのだ。

ところが、台湾の媽祖信徒たちは中国の巧みな統一戦線工作に利用されているという自覚も警戒感もないように見える。むしろ、自分たちは総本山のスポンサーであるという誇りと優越感が強い。

台湾と中国の経済関係は、日中間に似ている。台湾企業のほとんどが「世界の工場」の大陸に進出し、台湾経済の空洞化が著しい。もし中台間で軍事的緊張が高まれば、大陸にある台湾の資産は中国の「人質」になる運命だ。台湾の「経済」と「信仰（心）」は、すでにしっかりと中国に引きつけられているといっていいだろう。

9・11米国同時多発テロ後の世界にあって、中台関係は北朝鮮とともにアジアの不安定要因であり続けている。複雑な中台関係は我々日本人にはなかなか理解し難い。今後も様々な動きが起きるだろう。その時に媽祖信仰からうかがい知ることのできた台湾人の「本音」に思いを馳せてみれば、表面的な報道の裏に違った姿が見えてくるかも知れない。

第7章

宗教界に課せられた「和諧社会」への任務

「和諧」と聖書との関係

中国基督教《キリスト》（プロテスタント）訪日団の歓迎晩餐会が2007年4月21日夜、東京・池袋のホテルメトロポリタンで開かれた。日本のプロテスタント団体である日本キリスト教協議会が招いたもので、中国からの訪問は1984年、1999年に次いで3度目となる。2000万人の信徒を擁する中国のプロテスタントの全国組織は、「二つの会」と通称される2団体からなっている。主に信仰面を担当する中国基督教協会と対外的な仕事を行うことの多い中国基督教三自愛国運動委員会だ。今回の一行10人の訪日団は三自愛国運動委員会のトップである季剣虹《きけんこう》主席(75)が団長となり、各地の牧師らを率いてきた。

「初めて日本に来たが、すっかり日本人が好きになってしまった」という季会長は、日本側のプロテスタントとカトリックの代表ら50人を前に挨拶に立ち、両国のキリスト教会の友好交流の歩みを讃え、文化大革命後の中国プロテスタントの急

東京で開かれた歓迎晩餐会に臨んだ季剣虹・中国三自愛国運動委員会主席（左端）／2007年4月21日、清水勝彦撮影

速な発展を紹介した後、「この機会を借りて、中国政府の宗教に対する見方を紹介したい」と話題を転じた。そして、「日本の皆様も新聞やテレビを通じて『和諧《フーシエ》社会』という言葉を知っていることでしょう。中国政府と中国共産党はいま和諧社会を目指しています。その中で宗教の果たす役割は大きく、党と政府は宗教の積極性を重視しています。このことは党の重要文献に書かれており、我々中国のキリスト者は積極的に参加しています」と語った。

季会長は懇談の場でも参会者から尋ねられると、「人と人、人と神の間の障害を取り除くのが平和の福音です。和諧社会の追求は聖書の世界と一致しており、我々キリスト者はこれに積

人民日報
RENMIN RIBAO
2006年10月
12

到二〇二〇年，构建社会主义和谐社会的目标和主要任务是：社会主义民主法制更加完善，依法治国基本方略得到全面落实，人民的权益得到切实尊重和保障；城乡、区域发展差距扩大的趋势逐步扭转，合理有序的收入分配格局基本形成，家庭财产普遍增加，人民过上更加富足的生活；社会就业比较充分，覆盖城乡居民的社会保障体系基本建立；基本公共服务体系更加完备，政府管理和服务水平有较大提高；全民族的思想道德素质、科学文化素质和健康素质明显提高，良好道德风尚、和谐人际关系进一步形成；全社会创造活力显著增强，创新型国家基本建成；社会管理体系更加完善，社会秩序良好；资源利用效率显著提高，生态环境明显好转；实现全面建设惠及十几亿人口的更高水平的小康社会的目标，努力形成全体人民各尽其能、各得其所而又和谐相处的局面。

今日16版(华东、华南地区20版)
人民网 网址:http://www. people. com. cn
手机:http://wap. people. com. cn
国内统一连续出版物号 CN 11-0065
第21278期(代号1-1)
人民日报社出版

中共十六届六中全会在京举行

中央政治局主持会议　中央委员会总书记胡锦涛作重要讲话

听取和讨论胡锦涛受中央政治局委托作的工作报告，审议通过《中共中央关于构建社会主义和谐社会若干重大问题的决定》
全会审议并通过《关于召开党的第十七次全国代表大会的决议》，决定党的十七大于2007年下半年在北京召开

全会充分肯定党的十六届五中全会以来中央政治局的工作，号召全党同志要紧密团结在以胡锦涛同志为总书记的党中央周围，高举邓小平理论和“三个代表”重要思想伟大旗帜，全面贯彻落实科学发展观，带领全国各族人民万众一心、锐意进取，为把我国建设成为富强民主文明和谐的社会主义现代化国家而奋斗

和諧社会建設の「党決定」を採択した党第16期中央委員会第6回総会の開催を報じる2006年10月12日付の『人民日報』

極的に関わっています。（具体的な取り組みとしては）和諧社会を実現するためには、社会的に手をさしのべなければならない人々がいます。例えば、障害者や貧困家庭への援助が必要であり、犯罪者の更生支援も大切です」と説明し、和諧社会の建設が中国の宗教界で大きな関心事になっていると強調した。

季会長が何度も口にした「和諧」――。この言葉こそいまの中国を理解するキーワードといえる。「調和のある」と訳される中国語で、和気藹々《わきあいあい》という意味合いが含まれている。「和諧社会」（調和のある社会）、「和諧世界」（調和のある世界）。中国共産

党の機関紙『人民日報』の紙面にこうした言葉が登場しない日はないといってもいいほどだ。

深刻な現実を反映

和諧社会とはどんな社会なのだろうか。中国の説明をごく簡単に紹介すると、「民主と法治、公平と正義、誠実と友愛、あふれる活力、安定と秩序、人と自然の調和、のある社会」だ。

胡錦濤《こきんとう》党総書記兼国家主席の率いる現政権は2006年10月11日、中国共産党の第16期中央委員会第6回総会で、「社会主義和諧社会構築の若干の重大問題に関する党中央の決定」(以下、「決定」)を採択した。共産党が一党独裁する中国では、党決定は法律よりも重みを持つ。季会長が「党の重要文献に書かれています」といったのはこの「決定」を指していた。いかにも共産党風の言い回しをわかりやすく意訳すると、「共産党の指導の下、和諧社会を建設するには様々な困難がある。主な問題点を指摘し、その解決策を示すので、みんなで頑張って理想を実現させよう」という決定だ。

和諧社会を強調するということは、それだけ現実は「調和のある社会」「和気藹々《わきあいあい》とした社会」にほど遠く、事態は深刻であることを物語っている。

中国では水道水でさえ安心して飲めない。2005年11月のことだ。吉林省の石油化学工場で爆発事故があり、100トンもの猛毒物質が、流域に住む数千万人の飲料水をまかなう松花江に流出してしまった。だが、工場の責任者は汚染を知りながら、自己保身のために「汚染なし」と発表した。事故から1週間後、下流に位置する人口約800万人の大都会ハルビン市が「水道管補修のため水道水供給を3日間停止する」という緊急布告を出し、市民をパニックに陥れた。松花江の汚染を知ったハルビン市はその情報を市民に公表せず、そんなウソをついたのだった。正確な被害状況を把握して緊急対策を指示すべき国家環境保護総局（環境省に相当）も対応が後手に回り、一部地域では汚染を知らされないまま取水し、漁民も漁を続けていた。

農村部では工場汚水の垂れ流しが原因とみられるがん患者の多発が各地で報告されている。8億の農民のうち3億人が水質基準に達しない水を飲んでいるといわれ、環境問題をめぐる紛争は年間5万件を超える。

権力を乱用する幹部の腐敗は底なし状態だ。上海の陳良宇市長兼党委書記が解任された事件は、2006年9月に明るみに出ると日本でも大きく報道された。党幹部と官僚、実業家が結託し、公金である社会保障基金、約570億円を不正に流用、融資させた汚職事件だった。陳は妻や愛人の名義で約45億円相当の株券を不正に受け取っていた。著者が朝日新聞上海支局に勤務していた10年前、陳は副市長の一人に抜擢された。「いずれは市長、さらには北京の中央政界で活躍する人物」といわれ、陳の周辺は「本人もその自覚があり、身辺はきれいにしている」と筆者に解説してくれたものだが、誘惑の罠に陥ってしまったのだろう。

2006年は、北京市副市長、調達担当の海軍副司令、安徽省副省長、国家統計局長、青島市党委書記ら大物の摘発が相次ぎ、汚職などで立件された公務員は計4万41人となり、5年連続4万人を超す不名誉な記録を更新した。

カトリック聖心方濟会の修道女たちが暴徒40人に襲われ、17人が重軽傷を負う事件が起きたのは2005年11月だった。修道女たちは西安にある元カトリック施設だった学校の取り壊しと再開発に反対して現場に立てこもっていた。犯人は開発を請け負う業者だった。その翌月には天津で、神父らが暴漢50人に襲われる事件が起きた。神父は文化大革命の時に没収された市内の一等地にある建物の返還を、かねてから天津市当局にねばり強く求めていた。返還で「損害」を被る側の犯行とみて間違いないだろう。

地方政府が農民の土地を安い補償金で取り上げる強制収用事件も多発している。幹部たちは開発業者と組んで住宅や商業地に造成し私腹を肥やす。抵抗する農民ら民衆の抗議行動は2006年だけで11万2655件発生し、参加人数は延べ1230万人に達した。毎日300件以上起きている計算になる。

宗教界にあたえられた任務

「決定」は、「現在、我が国社会は全体的には調和しているが、社会の調和に影響する矛盾や問題も少なからず存在している」

和諧社会の建設に取り組む宗教界の第２回経験交流会が2006年11月23日、国家宗教事務局などの主催で召集された／『中国宗教』2006年12月号より

と認め、だからこそ和諧社会の建設が「重要かつ緊急な課題である」と訴える。そのうえで、2020年までの目標と主要任務として、

＊法に基づく国家管理を実現させ、人民の権益が尊重・保障されるようにする。

＊都市と農村間、地域間格差を縮小し、合理的で秩序ある所得配分構造を作り上げる。

＊都市と農村をカバーする社会保障システムを基本的に確立する。

＊基本的な公共サービスを充実させる。

＊良い道徳や気風、和やかな人間関係をより一層形成する。

＊社会管理システムを整備し、社会の秩序をよくする。

＊資源の利用効率を向上させ、生態環境を好転させる。

＊ 10数億人が恩恵を受ける、より高い水準の「小康社会」(衣食住のほぼ足りた社会)の全面建設という目標を実現する。

＊すべての人民が能力を尽くし、それぞれが適所を得て和やかに付き合う局面を作る。

などをあげた。

「決定」は、党の指導の下で各界各層の人民が「心を一つにして共に偉業を築く生き生きとした局面を作り上げる」ために「奮闘努力」するよう求めている。宗教界も例外ではない。「決定」は宗教に関して、「宗教が社会主義社会と即応するよう積極的に導く。そして宗教を信仰する大衆としない大衆、異なる宗教を信仰する大衆間の団結を強化し、宗教がもつ社会の調和促進の積極的作用を発揮させる」とした。「宗教がもつ社会の調和促進の積極的作用を発揮させる」という部分が極めて重要な意味をもっている。中国共産党が初めて、宗教には社会の調和を促進させる積極的な作用があると認めたのだ。しかも、単に認めただけではなく、その作用を「発揮させよ」と命じた。

この「決定」の採択から1カ月もたたない11月8日、宗教

宗教担当のトップである賈慶林・全国政治協商会議主席（党中央政治局常務委員）が宗教団体の責任者らを招く恒例の迎春座談会。『中国宗教』2006年2月号によると、「和諧社会の構築に尽力するよう」重ねて要請された

を管轄する党組織である党統一戦線工作部は各宗教の指導者を召集した全国宗教団体指導者シンポジウムを開催し、劉延東部長が4カ月前の全国統一戦線工作会議で打ち出された基本方針も踏まえた「八つの任務」を提示した。

1. 「愛国愛教」（中国でよくいわれるスローガンで、「国家を愛し、平和的な教えを愛す」の意）を堅持し、党の指導と社会主義制度を擁護する。
2. 広範な信徒を「小康社会」建設の大目標に向かわせる。
3. 信徒に民族団結の必要性を宣伝し、民族団結を擁護する。

4. 情緒安定や心の調和など宗教のもつ働きを活かして社会の安定を維持する。
5. 道徳、修養、愛国意識といった宗教文化に内在するものを掘り起こし広める。
6. 慈善事業を行う。
7. 台湾、香港、マカオの宗教界との交流を強化し、祖国統一の大事業を推進する。
8. 世界各国の宗教界との交流を強めて中国の宗教政策を宣伝するとともに、和諧世界の構築を促進する。

というものだ。この中の、国家への忠誠（第1項）、国策への協力（第2項）、独立傾向をもつチベット民族とウイグル民族を北京政府に繋ぎ止める接着剤（第3項）、中台統一を進める統一戦線工作の先兵（第7項）、中国の国際社会におけるイメージ向上（第8項）は、以前から宗教界に負わされていたものだ。今回の「決定」を反映しているのが、第4、第5、第6の3項目となる。宗教そのものに根ざした活動がようやく「任務」として認められたといえよう。

年が明けた2007年年1月、今度は政府の宗教担当部門である国家宗教事務局が毎年恒例の全国宗教工作会議を召集し、「2007年は宗教がもつ社会の調和促進の積極的作用を発揮させる重要な一年である」と念を押した。

これを受けて宗教界は翌2月12日、宗教政策を担当する最高責任者の賈慶林・党中央政治局常務委員に招かれた迎春座談会の場で、政府公認5大宗教（仏教、道教、イスラム教、カトリック、プロテスタント）指導者からの「呼びかけ文」を発表し、「八つの任務」を遂行し、和諧社会の建設に一致協力して努力することを誓った。プロテスタントからは季主席と中国基督教協会の曹聖潔会長のふたり、カトリックは中国天主教愛国会の傅鉄山主席、仏教は中国仏教協会長の一誠法師、イスラム教は中国イスラム教協会長の陳広元《ちんこうげん》アホン（聖職者）、道教は中国道教協会の任法融会長が署名した。

「呼びかけ文」は、和諧社会の建設に参加することは「宗教界が一般社会に出て自らを晒し、自己の存在価値を証明する絶好のチャンスである」と歓迎した。共産党政府のこの半世紀の歴史を見ると、党が政治運動を始めると、各界各団体は条件反射のように競って「熱烈支持」を表明し、政治的保身を図るのが常なのだが、今回はこれまでとは違うようである。

その理由は、中国で宗教がどのような環境に置かれてきたかを理解するとわかりやすい。

社会主義国中国も、憲法第36条で「中華人民共和国の公民は宗教信仰の自由を有する」と信仰の自由を認めている。だが、1949年に成立した共産党政府の宗教観は、宗教は「封建的迷信」「人民のアヘン」であり、キリスト教の進出が帝国主義列強の中国侵略の「露払い」をしたというものだった。このため、潜在的な「危険勢力」である宗教を無害化しようと、外国の影響力を徹底的に排除した。季主席が率いるプロテスタント団体の名称が「三自愛国運動」なのは、外国の支配を排して中国人自身で教会を運営する「自治」、財政的に自立する「自養」、外国人宣教師に頼らず中国人が伝道する「自伝」という、3つの「自」を掲げた当時の自立・愛国運動の名残りなのだ。

さらに政府は宗教を徹底的な管理下に置く政策を採り、今に至っている。宗教行政法規である「宗教事務条例」が規定しているように、礼拝などの宗教活動ができるのは政府に登録して認可を受けている寺院や教会、モスクなどの「宗教活動場所」だけで、宗教活動を執り行う僧侶や神父・牧師、イスラム教のアホン・イマームら「宗教活動従事者」も政府に届け出た者に限られる。この管理に従わない者は「地下教会」「邪教」として厳しい取り締まりの対象になる。

こう書いても、我々日本人にはピンと来ないだろう。例を挙げよう。日本では街角で道行く人に宗教パンフレットを手渡したり、各戸に配布する光景は珍しくない。だが、あなたがもし中国に行って同じことをしたら、数分後には住民から通報を受けた公安警察が駆けつけてきて、厳しい尋問を受け、ただちに国外退去となるだろう。外国人の布教活動は厳禁されているからだ。ならば、同じ信仰を持つ中国の友人に頼んだらどうだろう。その友人は「宗教活動場所」ではない街頭で違法な「宗教活動」を行った犯罪者とされ、身柄を拘束されるに違いない。

こうした厳しい宗教管理は、故鄧小平の改革開放政策でも大きな改善は見られなかった。劉部長が「八つの任務」の第3項で念を押したように、中国の宗教問題は少数民族問題と絡み合う宿命をもっているからだ。チベット仏教徒はいまもインドに亡命しているダライ・ラマ14世を観音菩薩の化身として篤く信仰している。新疆《しんきょう》ウイグル自治区に住むイスラム教徒のウイグル人は、20世紀前半に2度も「東トルキスタン共和国」建国を試みた経験を持っている。55の少数民族を抱える中国だけに、政府は「宗教を利用した独立運動」に神経を尖らさざるを得ない。

変化する宗教観

党と政府の宗教観に変化の兆しが見られ始めたのは21世紀に入ってからだ。胡錦濤総書記の前任の江沢民総書記が2001年の全国宗教工作会議で、「社会主義社会にあっても宗教は長きにわたって存在する」という認識を強調した。なかなか消滅しないものなら、厄介者扱いしないで利用しようという発想の下地が生まれた。

信仰を持つ人口が爆発的に増え続けている現実も大きな意味を持ち始めた。何らかの宗教を信じる人は中国政府の公式統計では「約1億人」だが、上海の華東師範大学の劉仲宇教授らが最近発表した中国人宗教信仰調査の結果によると、16歳以上の中国人の3割が何らかの宗教を信仰している。13億人の中国で約3億人が宗教人口ということになる。膨大な信仰者群を放置するよりは宗教団体を通じて政府に協力させた方が得策である、と政府が考えたとしても不思議ではないだろう。

それには宗教を徹底的に管理できるという自信が大前提になる。中国政府が最も頭を痛めていたのが「イスラム過激派」の中国浸透だった。イスラム教徒の取り締まりを強化すると、欧米社会から「信仰の自由を認めない人権侵害」と叩かれた。ところが、2001年に米国で同時多発テロが発生すると事態は一変し、ブッシュ大統領は国際的な反テロ戦争を宣言、中国の「イスラム過激派」壊滅方針を支持するようになった。中国は過激派対策に便乗して当局の管理に従わない非暴力の宗教活動まで締め付けた。以来、中国政府は宗教の管理に絶対の自信をもつ。

政府系シンクタンクである中国社会科学院「世界宗教研究所」の張新鷹《ちょうしんよう》副所長はある論文の中で党と政府の本音を、「我々は当然のことながら宗教を誇大視すべきではない。宗教はこの世を救う万能薬ではありえない。だが、宗教は社会のガス抜き機能をもち、緩衝帯になる。民衆の行動を規制し、社会関係を改善し、人間心理をコントロールする等の宗教のもつ機能はさらに開発すべきある」と明かしている。党の宗教利用政策は、「中国共産党は広範な人民大衆の根本的利益の代表者である。当然、党は多くの信仰者の利益も代表している」とする党の理論上からも問題がないとした。

こうした宗教観の変化が初めて具体化したのが、今回の和諧社会実現への協力要請だといえる。当局の管理下でおとなしくしているのが「良い子」とされた宗教が、むしろ積極的に社会に出て行って活動するように求められた。党の気持ちが変わらないうちにこの機会を生かさない手はないという熱く強い思いが、先に紹介した「呼びかけ文」に込められていると見ていいだろう。

活動の輪を広げる宗教界

いま宗教界が取り組んでいる主な活動は、以下の3分野である。

《1.慈善活動や社会奉仕活動の強化》 いま最も注目されているのが、15年前からカトリックの全国紙「信徳報」を発行している河北省の張士江神父が始めた「進徳公益」の活動だ。2006年7月に雲南省で地震が発生した際、ただちにドイツのカトリック系援助団体・カリタスから約450万円の資金援助を受け、米187トンを購入して現地の被災者に届けた。カトリックの国際的なネットワークを活かした資金調達と民間組織ならではの迅速できめ細かな対応が、他の団体に良い刺激を与えた。「進徳公益」は2006年、カトリック系団体としては初めて政府からNPO法人の認可を受けている。

各宗教団体がさまざまな方法で弱者に手をさしのべているが、日本人観光客もよく訪れる上海の名刹・玉佛寺も積極的な活動で知られている。2006年11月にはがん患者とその家族を励ます集い「心に灯火を、手をつなぐ命」を開催し、患者たちが自らの体験を語り合う交流の場を設け、多くの市民に理解を求めて募金活動を行った。

宗教の壁を越えた動きも始まった。エイズ患者とその家族の支援活動に取り組んでいるカトリックとプロテスタントの11団体が2007年1月、初めて一堂に会して2日間の経験交流会をもった。集会は、さらに多くの宗教団体が活動に参加するよう呼びかけ、宗教団体の活動に行政当局の理解と支持を求めた。

《2.「和諧と宗教」めぐる理論の構築》 カトリックの傅主席は、「宗教は長年にわたり、仁慈と博愛、寛恕と理解、和諧と平和を唱えてきた。これらは人類が和諧社会を実現し世界平和を守る貴重な精神的源泉となる。仏教は慈悲を説き、経典に『無縁大慈、同体大悲』とある。キリスト教は『汝の敵を愛せ』といい、イスラム教は『アッラーは慈悲なり』とする。道教も『道法自然』と説いている」「しかも、中国は古来より『以和為貴、和而不同、和実生物』という思想を提唱しており、中国の伝統文化は和諧の理念を非常に重視してきた。各宗教は長年にわたりこうした『和を尊ぶ文化』の影響を受け、中国独特の『和諧の伝統』を形成してきた」と指摘し、中国の宗教がいかに和諧社会の実現に最適任の存在であるかを力説する。こうした理論を深めるための「イスラム教と和諧社会構築」「仏教と和諧世界」といった学術シンポジウムが2006年秋から次々と開かれている。

欧米のキリスト教世界とイスラム教世界の深刻な「文明の対立」に、中国から解決の道を提示しようという動きも注目される。2006年11月に上海で開催された「基督教（プロテスタント）とイスラム教の交流と対話シンポジウム」は、「いまだかつてキリスト教とイスラム教の激しい衝突が起きたことのない中国」から文明の対立を回避する「東方モデル」を提案できるはずだとし、研究を進めていくことを決めた。

《3. 国際交流の促進》 中国国内で和諧社会を建設していくには、それに専念できる穏やかな国際環境、つまり「和諧世界」が不可欠となる。この「和諧世界」という言葉は、胡総書記が2005年9月の国連創設60周年の首脳会談で初めて言い出した。「八つの任務」も最後の第八項で、「和諧世界の構築の促進」を求めている。

中国基督教協会は2006年、米国のロサンゼルス、アトランタ、ニューヨークの3カ所で初の海外展示となる大々的な「聖書展」を巡回開催し、アトランタ開会式にカーター元米大統領を引っ張り出すことに成功した。中国における聖書普及の歩みを紹介することで、中国が欧米と共通の精神世界をもっていることをアッピールし、米国に根強い「中国には信仰の自由がない」という「誤解」を正すことに大きな成果を上げたという。

仏教界では2006年4月、「和諧世界は心から始まる」をテーマとした第1回世界仏教フォーラム（中国仏教協会など主催）が仏教聖地のひとつ、浙江省・舟山などを会場に30数カ国から約1000人を招いて開催された。だが、中国政府が「チベット分離運動の頭目」と断罪するダライ・ラマ14世は「和諧を乱す」として招かず、世界の仏教界からダライ・ラマの影響力を削ぎ、中国がリーダーシップを握ろうという姿勢を際だたせた。中国政府がダライ・ラマに対抗する「共産党賛美のチベット仏教指導者」として育成中のパンチェン・ラマ11世（ノルブ少年）に講演の機会を与え、フォーラムをこの少年の国際デビューの舞台にしたのも、こうした戦略からだろう。

仏教界に続き道教界も国際的なイベントを企画した。2007年4月、香港と西安の2会場で「和諧世界は道《タオ》で相通じる」をテーマに掲げた初の「国際道徳経フォーラム」を開催し、老子の道徳経の中から現代に活かす和諧世界実現の智恵をくみ取ろうという学者らの分科会がもたれた。

中国では2007年秋、5年に1度の党大会が予定されている。2期10年の胡錦濤政権の後半5年間の方針が決まる重要な大会で、和諧社会の建設が大きなのテーマになることは間違いない。胡政権の当面の課題は2008年8月に迫った北京オリンピックである。中国で初めて開かれる世紀の祭典は必ず成功させなければならない。オリンピックでは世界中の関心が集まるだけに、胡政権としては内外に和諧社会の始まりを印象づけたいところだ。宗教界への働きかけがさらに強まるに違いない。

第8章

政府指導者の本音

チベット問題の本質

中国広東省の『南方周末』紙は2008年3月13日、中国政府の宗教行政責任者葉小文《ようしょうぶん》国家宗教事務局長の単独インタビュー「宗教と社会主義という難題をいかに解決するか？」を2ページにわたって掲載した。葉局長は中国共産党の宗教政策の立案に携わる中国随一の宗教問題のエキスパートである。極めて大胆な口調で、ダライ・ラマの「代替わり」を主導する決意から、米国のキリスト教（中国ではプロテスタントを指す）勢力を名指した「海外の敵対勢力」批判、ローマ法王の中国向け書簡に対する拒否回答まで、これまで知られていなかった秘話を交えて、公式見解を超える本音を語っている。

「『ダライ（ダライ・ラマ14世）が死んだら、（中国は）死後のことに関わり合うのか？』と聞かれれば、我々の答えは『当然、関わる』だ。国家宗教事務局が関わり、中央政府が関わる」

葉局長は、現在の14世に万一のことがあれば、「生まれ変わる」(転生する) と信じられている15世探しを政府主導で行う既定方針を詳細に説明した。

「(転生した生まれ変わりの子どもを見つける) 宗教儀式に則って (手がかりを示してくれる) 聖なる湖の変化を観察し、候補者が見つかれば本人に事情を明かさずに会って、故人の遺品を見分けるかどうかを確認する。そして政府の承認を得て (最終的に選ばれた) 候補者3人の中から転生者を判断する金の壺を用いたくじ引きを行う」「すでに宗教事務条例とそれに基づく規則を施行させ、政府の主導権を法的にも確定した」

政府のチベット問題に対する認識は終始一貫している。

「チベット問題の本質は、宗教問題ではなく、分裂 (中国は絶対に「独立」という言葉をつかわない――筆者注) か、反分裂かの問題だ」「我々とダライ集団との闘争は、信仰・不信仰の問題でも、自治・不自治の問題でもなく、チベットを安定させるか、チベットを引っかき回すのか、統一擁護か祖国分裂か、国家主権の尊厳を守るのか、外国の敵対勢力と結託して中国の内政に手を突っ込むのかという問題である」

中国政府は国内で問題が起こると、必ず「外国の敵対勢力」のせいにするが、精々それが「西側国家」であると強く匂わせる程度にとどめている。ところが、葉局長は大胆に踏み込んだ。

キリスト教こそ問題

「米議会がダライに (最高の栄誉とされる) ゴールド・メダル

を授与したが、私に言わせれば茶番劇だ。ダライは長らく祖国の分裂活動に従事してきた政治的逃亡者である」「(そうした) ダライ集団を熱心に支持しているのは、恐らく (米国の) キリスト教徒だろう」

米国を問題視する根拠はいくらでもある。

「米国は11年前から国連の人権委員会に宗教問題で反中国提案を行っている」「米国の国家宗教自由委員会は毎年、『世界の宗教の自由に関する報告』を出し、8年連続して中国を『特に問題とすべき国家』と指定した」「2006年にブッシュ (米大統領) は、(中国の宗教政策に批判的な) いわゆる中国プロテスタントの『家庭教会』代表、余傑《よけつ》と会見した」

そして、米国が宗教問題に介入する理由をこう分析する。

「米国が次々と宗教カードを切って中国に圧力をかけてくるのは、米国の対中関与政策の必要から出ている」「宗教問題を中国分裂、中国の西洋化の突破口としているのだ」「米国は表面的には世俗的な国家だが、実際は宗教的な国家である。宗教のグローバル化とキリスト教の普遍化を目指す宗教右派が台頭しており、米国外交の中での宗教問題のレベルを高めさせている。米国の政治家も有権者の支持を高めようと宗教問題を取り上げる。(中国人をキリスト教徒にする)『中国の福音化』こそ、彼らの百年の夢なのだ」

「(このため) ここ数年来、中米関係は建設的パートナーシップを発展させているにも拘わらず、宗教問題だけが唯一の障害になっている」「宗教の自由の定義が両国で異なるため、(通常であれば問題解決に当たる)伝統的な外交の枠からはみ出してしまう。今日の中米関係の構造的な障害になってしまった」

葉局長は、「敵対勢力」であるキリスト教をあなどれないと考えている。

「キリスト教文化の流入には二つの原因がある。ひとつは政治利用だ。国際的な敵対勢力は『福音を伝える』という旗印を掲げ、キリスト教の浸透を通して中国を分裂、西洋化させ、イデオロギー領域で執政党の執政基盤を内側から壊そうとしている」「もうひとつの原因は宣教の情熱から来ている。キリスト教は一神論であり、唯我独尊だ。自分こそ全人類が信仰すべき真の宗教であると思いこんでいる」

米国の宣教活動への具体的な言及はなかったが、韓国を名指しした。

「いくつかの国家ではキリスト教の浸透を国家的な行為にして、統一的指導をおこなっている。韓国（のケース）は東南アジアにキリスト教を拡大させた成功例だ。我々も韓国キリスト教の浸透に頭が痛い。数千人の宣教師が(北は)東北地方から(南は）広州まで、至る所で宣教活動を行っている」

こうした「浸透」に中国政府が対処するのは当然のことだという。

「キリスト教文化が中国にますます大きな影響を与えているのは、宗教と文化の交流の必然だが……宗教信仰の自由を守ることと独立・自主・自営を堅持するという、この二つの原則は(切り離すことのできない) コインの両面である」

ローマ法王の中国向け「書簡」を非難

バチカン問題に関しても極めて注目すべき発言を行った。ベネディクト16世は2007年6月、ローマ法王としては初めて中国の司教と信徒にむけた書簡を発表した。中国カトリック教会の現状をカトリックの最高指導者の立場から批判しつつ、同時に事態解決の条件を提示した画期的なものだ。ところが、発表から1年近くたつのに中国政府からは正式な反応が示されていない。葉局長はインタビューの中で初めて、国家宗教事務局長の見解を示した。

「(書簡は) 地下 (教会) の司教に与えていた特権を取り消すなど、見た目には積極的だが、全体的に言えば消極的で、ある部分はかえって後退している。あるバチカンウォッチャーは、『書簡の発表は、ローマ法王が北京に対抗する道を歩むと表明したようなものだ』といっている」「書簡は中国の教会の内部に新たな分裂と混乱を生み出した。中国のカトリック教徒に法王の側に立つよう扇動し、再び彼らに『共産党か教えか』の選択を迫った」「もっとも危険なのは、書簡は愛国会と司教団を公式に否定し、独立・自主・自営の原則を否定した」「新法王は前法王より後退した」

中国は、ベネディクト16世が書簡に託したメッセージをほぼ全面的に否定する結論を出したことがこの発言でわかった。バチカンと中国の関係改善の気運はいっきに遠のいてしまった。さらにバチカンとの交渉秘話も暴露された。

「1983年、ローマ法王は我々との直接的な接触を希望した。その3年後、頻繁な接触が始まった」「2006年に死去したヨハネ・パウロ2世の葬儀に、我々は人を派遣すると申し出た。但し、台湾の政治家の受け入れはだめだと注文を付けた。しかし、バチカンの答えは、陳水扁（台湾総統）の参列だった。我々は新法王の就任式を待ち、再び参加を申し出たが、バチカンの答えは、台湾の内政部長（内相）らの訪問団受け入れだった」

こうした態度を取るバチカンの狙いは3つあるとする。

「中国のカトリックをバチカンの指導下に引き戻すことができれば、2000年続くカトリックの聖統性の権威が保たれる（と考えている）。いまやキューバとベトナムが彼らの手に落ち、社会主義国家でいうことを聞かないのは我ら中国だけになったからだ」「第2は、中国の大きな門を開けさせることをカトリックの新たなミレニアム（千年紀）戦略の最重要課題としている」「第3が、イデオロギー上で並び立つことのない社会主義に恨みを抱いている。彼らは引き続き反共の急先鋒になることを望んでいる」

コーランの解釈に介入した理由

「愛国的宗教」に体質改善させようとコーランの解釈に介入

したイスラム教については、政府が介入するに至ったエピソードを明かした。

「新疆ウイグル自治区に説教を聞きに行ったことがある。その中にジハード（聖戦）という言葉があった。（宗教指導者の）アホンは『ジハードとは黒大爺との闘いだ』と説明した。『黒大爺』というのはロシア語から来た、中国を指す言葉だ。公共の利益に反し、国家の安全を脅かす、こんな説教をさせていいものだろうか」「私は中国イスラム教協会の陳広元会長と会い、陳会長はコーラン解釈の権威に『新編ワーイズ』（説教集）を作らせた。（この説教集ができたお陰で、アホンたちは信徒に対して）ジハードとは自分の心の中の邪悪な欲望と闘うことであり、誰かに宣戦布告することではないと、みんなに教えることになった」

葉局長は1995年から13年間も現職にある。中国の宗教問題に最も精通した人物として内外に知られている。インタビューの中でも、江沢民《こうたくみん》前総書記兼国家主席から重用されていたエピソードをさりげなく紹介している。それによると、江総書記は2001年、結党以来初となる宗教工作を検討する会議を開催した。胡錦濤《こきんとう》現総書記らとともにそのメンバーとなり、江総書記から「宗教の積極性を評価したマルクス、エンゲルスの論文を探し出す」よう指示された。「ありませんでした」と答えると、江総書記は「では、我々が語ろう」といい、その成果として党の宗教政策を規定する「宗教政策の基本観点」が誕生したという。「走りながら考える」多忙な日々にも拘わらず、米国世論工作のために何冊もの著作を執筆したとも語る。

インタビューの掲載された3月13日は、チベット人の抗議行動が始まって4日目というタイミングだったが、騒乱との直接的な関係は薄いとみられる。政治指導者のこうしたインタビューは、かなり前に原稿ができあがり、ゲラで見出しまで検閲を受けるのが当たり前だ。当時、全国人民代表大会（国会に相当）が開会中だったことを考えれば、同大会向けに「宗教行政部門も健闘中」とアピールする狙いがあったのかもしれない。掲載日に注目するとすれば、葉局長は3月10日に始まった抗議行動が「チベット騒乱」にまで発展するという認識をもっていなかったと推測できることだ。仮にそうした認識があれば、余分な刺激を与えることを懸念して掲載を遅らすこともできたはずだ。事実、インタビューの掲載直後から海外の人権団体などの注目を集めた。

〔初出一覧〕

＊第 1、8 章と第 3 章 2007 年の部分は本書のために書き下ろした。

＊第 2、3 章は『中国年鑑』1995 年版から 2007 年版に掲載した宗教動向と要覧に大幅な加筆を行った。

＊第 4 章は『中国年鑑』200 年版掲載に加筆した。

＊第 5、6、7 章は、高徳寺（東京・北青山）の寺報『仏教通信』の第 26 号（2006 年 1 月 1 日発行）、第 27 号（同 7 月 1 日発行）、第 29 号（2007 年 7 月 10 日発行）に掲載された。

清水　勝彦（しみず・かつひこ）
1947年、東京生まれ。早稲田大学政治経済学部卒。72年、朝日新聞入社。甲府支局員、仙台支局員、社会部記者、秋田支局員、アエラ編集部記者、同副編集長、上海支局長、台北支局長などを歴任。現在は朝日新聞ジャーナリスト学校シニア研究員。

シリーズ・中国がわかる①
宗教が分かれば中国が分かる

2008年5月20日　第1刷発行

著者
清水勝彦

発行人
酒井武史

発行所
株式会社　創土社
〒165-0031　東京都中野区上鷺宮5-18-3
電話03 (3970) 2669　FAX 03 (3825) 8714
カバーデザイン　クリエイティブ・コンセプト
印刷　シナノ印刷株式会社
ISBN978-4-7893-0201-2　C0026
*定価はカバーに印刷してあります。